双边视角下用户参与众包创新的知识获取机制及实现策略

孟庆良　著

中国财富出版社

图书在版编目（CIP）数据

双边视角下用户参与众包创新的知识获取机制及实现策略／孟庆良著.
—北京：中国财富出版社，2017.12

ISBN 978－7－5047－4844－7

Ⅰ.①双…　Ⅱ.①孟…　Ⅲ.①企业创新—创新管理—研究—中国

Ⅳ.①F279.23

中国版本图书馆 CIP 数据核字（2017）第 313933 号

策划编辑	郑欣怡	**责任编辑**	邢有涛　王伟莹	
责任印制	石　雷	**责任校对**	杨小静	**责任发行** 敬　东

出版发行	中国财富出版社		
社　　址	北京市丰台区南四环西路 188 号 5 区 20 楼	**邮政编码**	100070
电　　话	010－52227588 转 2048/2028（发行部）	010－52227588 转 321（总编室）	
	010－68589540（读者服务部）	010－52227588 转 305（质检部）	
网　　址	http://www.cfpress.com.cn		
经　　销	新华书店		
印　　刷	北京九州迅驰传媒文化有限公司		
书　　号	ISBN 978－7－5047－4844－7/F·2868		
开　　本	710mm×1000mm　1/16	**版　次**	2017 年 12 月第 1 版
印　　张	12	**印　次**	2017 年 12 月第 1 次印刷
字　　数	209 千字	**定　价**	52.00 元

前　言

众包创新是指企业把传统由内部员工执行的创新任务，以自由自愿的形式转交给外部网络用户（大众）来完成的商业模式。该模式已被实践证明是获取网络群体知识资源的有效模式，越来越多的企业也开始建立不同的众包创新模型。作为一种新型创新模式，众包创新的相关研究还处于探索阶段，研究成果呈现碎片化状态，实践中存在众包创新质量不高、创新绩效亟待提升等问题。近年来，国内也出现了一些网络众包平台（如猪八戒网、任务中国等），但其应用还仅处于信息处理和简单工作众包等初级阶段，且主流企业参与不足，与国外创新领先企业倾力打造众包创新模型形成强烈反差。其主要原因之一就是企业对众包创新模式的先进理念缺乏系统认识，应用上缺乏信心，亟须理论引领。考虑到当前文献要么从用户视角探索众包创新的参与动机，要么从企业视角分析众包创新的运作机制，很少涉及双边视角的系统考究，因此本书从双边视角开展众包创新的知识获取机制及实现策略相关研究。

第 1 章从众包创新的实践背景出发，分析了众包创新模式的应用现状及存在问题，提出从双边视角探索众包创新的知识获取机制及实现策略的理论意义和应用价值。在梳理众包创新运行模式、创新竞赛、用户参与众包创新的动机和众包创新模式下的知识共享等当前文献的基础上，提出本书的研究内容、研究思路及主要研究方法。

第 2 章概述了众包创新的相关理论。分析了众包模式的兴起原因和类型，从开放式创新、用户创新、民主化创新、价值共创和知识获取等方面阐述了众包创新的相关理论基础，以更好地理解和把握众包创新的内涵和本质。

第 3 章研究了众包创新模式的内涵、运行过程及本质。通过分析众包创新的内涵和运行过程，提出众包创新作为一种新型创新模式，其本质是企业突破传统组织界限，通过获取与整合外部知识实现创新的商业模式。研究众包创新模式下的知识获取机制能抓住众包创新的本质，有利于提升众包创新绩效。

第 4 章开展了双边视角下众包创新的知识获取影响因素扎根研究。从众包创新实践出发，结合虚拟社区知识共享和用户参与创新相关理论，分析双边视角下众包创新过程存在的知识流。考虑到扎根理论作为一种重要归纳式研究方法，具有注重实践、强调比较研究的优点，提出运用扎根理论研究双边视角下众包创新的知识获取影响因素。从国内典型众包平台进行理论抽样，通过分析开放式编码、主轴编码、选择性编码和理论饱和检验等具体实现过程，形成众包创新下知识获取影响因素的作用机制分析。

第 5 章进行了双边视角下知识获取对众包创新绩效的影响机制实证研究。基于扎根理论的质化研究成果，探索双边视角下的知识获取前因对知识获取和众包创新绩效的影响机制问题。通过相关假设和量表开发，基于典型众包平台开展调研和数据收集，运用结构方程模型分析方法进行实证研究。

第 6 章研究了众包创新关键用户知识源的识别问题。关键用户知识源识别的目的是要解决在海量网络信息中发现最有利于解决创新任务的用户知识源。从供需双方知识匹配视角，构建基于用户知识能力、双方参与意愿和创新任务水平三个维度的关键用户知识源识别体系。考虑到误差反向传播神经网络（BP 神经网络）算法的优势，提出基于 BP 神经网络的关键用户知识源识别模型。结合国内网络众包平台——猪八戒网开展相关实证研究。

第 7 章探索了双边视角下众包创新知识获取的动态优化控制问题。考虑到创新任务的复杂性及知识的"黏性"等特征，需要引导和激励用户持续参与众包创新，这就要求企业要采取有效的控制策略确保知识持续获取以完成创新任务。结合关系营销和知识共享理论，界定众包创新中的知识承诺概念，分析知识承诺的驱动因素，提取信任水平、感知价值满足水平、知识获取投入水平和机会主义倾向四个关键驱动因子，构建众包创新的知识获取动态优化控制模型，利用动态优化控制理论进行求解，并通过参数灵敏度分析探讨知识获取的最优决策结果。

第 8 章总结本书的研究工作并给出需要进一步研究的问题。

上述研究成果形成了双边视角下用户参与众包创新的知识获取机制及实现策略理论与方法框架，对推动和完善现有众包创新理论、提供众包创新绩效提升的新思路和引领众包创新模式的推广应用及众包平台企业（尤其是国内企业）的良好发展具有重要学术和应用价值。

作者深信，通过本书的学习，读者将能深刻地了解众包创新模式的内涵和相关研究领域中的一些前沿问题。同时，本书也会向企业提供进行众包创新实践的必要的指导和帮助。本书可作为工商管理类、管理科学与工程类专业的本科生、研究生及高校和研究机构的教学、研究人员的参考资料，也可作为企业中高层管理人员和营销创新人员以及有志于从事企业管理工作人士的学习和提高的工具书。

由于作者水平有限，再加上时间仓促，书中难免会存在疏漏、不当甚至错误之处，还请广大热心读者多提宝贵意见。

作 者

2017 年 12 月

目　录

1 绪 论

1.1 问题的提出及研究意义

众包创新作为一种新型创新模式，是指企业把传统由内部员工执行的创新任务，以自由自愿的形式转交给外部网络用户（大众）来完成的商业模式[1]。该模式已被实践证明是获取网络群体知识资源的有效模式，如宝洁公司借助科研创新平台创新中心（InnoCentive），把公司外部的创新比例由原来的 15% 提高到 50%，研发能力提升了 60%；戴尔公司创立了创意风暴众包社区（IdeaStorm Community），截至 2017 年 7 月 21 日已有 26000 多条用户想法提交，超过 500 多条得到具体实施；思科创立 I – Prize 创新竞赛向外部用户收集信息技术创新方案，经过五周的竞赛，共收到来自全球 104 个国家的 2500 份方案；国际商用机器总公司（IBM）投入 10 亿美元开发众包模型等[2],[3]。可见，众包创新正深刻影响着当前企业的创新模式，越来越多的企业也开始建立不同的众包创新模型，但作为一种新型模式，其相关研究还处于探索阶段，研究成果呈现碎片化状态[4]。虽然众包创新实践取得一定效果，但创新质量亟待提升[5]。而对于国内企业来说，近年来也出现了一些网络众包平台，如猪八戒网（www.zbj.com）、任务中国（www.taskcn.com）等，但其应用还处于信息处理和简单工作众包等初级阶段，且主流企业参与不足，与国外创新领先企业倾力打造众包创新模型形成强烈反差。其主要原因之一就是企业对众包创新模式的先进理念缺乏系统认识，应用上缺乏信心，亟须理论引领。

为此，相关学者主要从众包创新运行模式[6],[7]、众包创新参与动机[7~11]、创新竞赛[5],[12~14]以及众包模式下的知识共享[7],[15]等方面开展相关研究，取得了大量研究成果。作为一种新型创新模式，众包创新与开放式创新、创新民主化和用户创新等理论一脉相承，是企业充分利用外部网络资源实现创新的解决方式。一些学者[6],[7]从企业管理实践出发，对选择型和整合

1

型众包创新模式、基于自建网络社区和基于第三方平台的众包创新模式进行了探索性研究。但无论哪种模式，都需要设计一套众包创新管理机制，从而有效获取和利用外部网络知识，保证高质量完成创新任务。考虑到众包创新的组织形式开放、参与者自由自愿等特征，需要引导参与者积极参与，故了解其参与动机是基础。于是相关学者[7],[8]通过对开源软件、维基百科及一些众包网站的实证分析，提出外在动机（奖金报酬、对事业有益、成就感等）和内在动机（喜好、乐趣、学习等）是主要动机，而且有时内外动机相互排斥，存在挤出效应。还有学者[10],[11]提出存在内在动机、内化的外在动机和外在动机三种类型。创新竞赛作为众包创新的最直接方式[5]，相关研究较为丰富，主要集中在创新竞赛绩效、任务设置和奖励机制设计等问题，但实践中出现用户持续参与度不高、竞赛效率低下等现象，其内在解决机制需进一步探索。由于用户参与众包创新的能力依赖于其拥有的知识和能力，所以一些学者[7]运用实证探索了用户知识多样性对众包创新质量的影响关系。甘等（Gan 等，2012）[15]借鉴虚拟社区下知识共享的研究成果，提出仅从参与动机探索众包模式下的知识共享行为还不够，需要基于更微观视角进行考究，并构建基于动机（Motivation）、机会（Opportunity）和能力（Ability）三维度（MOA）的知识共享机制概念框架。

由此可见，众包创新作为一种新型创新模式，其本质是企业突破传统组织界限，通过获取与整合外部网络知识实现创新的商业模式。探索众包创新模式下的知识获取机制能抓住众包创新的本质，但当前文献缺乏关注。现有文献要么从用户视角探索参与动机，要么从企业视角分析运作机制，很少涉及双边视角的考究。众包创新具有组织模式自由开放、创新任务复杂多样、参与者不确定性强和难以控制等特征，从双边视角开展众包创新的知识获取机制及实现策略研究具有前瞻性和可探索性。本书的相关研究具有以下研究意义：

（1）有助于推动和完善现有众包创新相关理论。当前时代经济特征之一是不同知识间的不断融合，善于整合内外部知识的企业将拥有更多的创新机会。众包创新模式作为企业获取和整合外部网络知识的有效方式，在实践界和理论界得到广泛关注和应用。但相关研究刚刚起步，亟须从不同视角进行相关探索。本书从双边视角出发，探究用户参与众包创新模式的知识获取机制及实现策略，能抓住众包创新的本质，进而推动和完善本领域相关理论。

（2）为提升企业的众包创新绩效提供新思路。当前大多数相关文献的研究思路是为吸引更多用户参与，采取有效的奖励策略，以提升众包创新绩效。但众包创新的组织模式自由开放、参与者自由自愿的情境决定了其管理机制会呈现复杂机理。基于双边视角，分析用户参与众包创新的知识获取前因对知识获取和众包创新绩效的作用机制，寻求匹配众包创新的关键用户知识源，并通过动态优化控制实现用户知识的持续获取，无疑对提升众包创新绩效提供了一条新思路。

（3）有利于引领众包创新模式的推广应用以及众包平台企业（尤其是国内企业）的良好发展。从理论文献梳理和企业实践来看，我国企业的众包应用内容相对简单，主流企业参与不足，众包创新的理论研究严重滞后于实践发展。因此，从双边视角开展用户参与众包创新模式的知识获取机制及实现策略，有利于引领众包创新模式在我国的推广应用以及众包平台企业的健康发展，拓展我国企业网络环境下的创新视野，提振其自主创新能力。

1.2 相关文献综述

结合本书的研究内容，主要从众包创新运行模式、创新竞赛、用户参与动机、众包创新模式下的知识共享等方面进行文献梳理和归纳。

1.2.1 众包创新运行模式的相关研究

自杰夫·豪（Howe，2006）[1]首次提出众包概念后，作为面向创新任务解决的众包模式，众包创新受到重点关注。该模式与开放式创新、创新民主化和用户创新等理论一脉相承，是企业充分利用外部网络资源实现创新的解决方式。杰普森等（Jeppesen 等，2006）[16]认为众包是指将传统企业内部完成的任务，通过公开招标的形式，转交给非特定的外部网络群体完成，参与个体分别提交方案后，发包方择优选择并对中标者给予奖励的一种问题解决模式。布拉汉姆（Brabham，2008）[17]描述众包为"企业在线发布问题—大众群体（专业或非专业）提供解决方案—赢者获取报酬"的一系列过程，众包创新的知识成果归企业所有，是一种在线、分布式问题解决模式和生产模式。奥弗尔等（Afuah，2012）[18]认为众包是以借助企业外部网络群体智力资源为导向，为企业解决具体问题的一种模式。盖格尔等（Geiger 等，2014）[19] 则提出众包是一种充分利用内外部用户潜能以提供创新产品或服务的信息系统模型。莫赞等（2014）[20] 也基于信息系统的视角，提出众包是一个以人为中心、网络技术驱动，用来解决个人、组织和社会问题的一种协作模型。

结合对众包研究文献的梳理[21]，可以发现众包创新相关研究主要存在五个研究视角：战略、创新、过程、组织设计和信息系统，如图 1−1 所示。

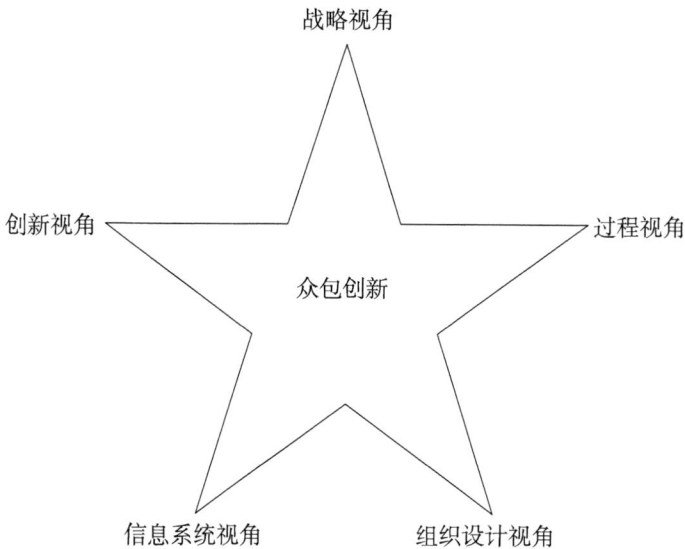

图 1−1 众包创新相关研究视角

（1）战略视角。众包创新的战略视角关注众包创新商业模式的选择、用户与企业的战略对话模式、企业众包创新生态系统的形成等内容[21−25]。该视角的相关研究通常与开放式创新、价值共创和用户创新等理论紧密结合，探讨众包创新战略的形成、众包创新战略的实施模式等。该视角强调针对不同的商业情景、企业环境和创新任务特征等，企业应该选择不同的众包创新模式。

（2）创新视角。从创新视角研究众包创新的成果相对较多。包括众包创新绩效的影响因素和影响机理、众包创新价值的形成、用户参与众包创新的动机和相关激励策略等内容[2],[12],[26−31]，与该视角的相关研究联系最为紧密的一个概念是众包竞赛[12]，它是众包创新的最直接方式。相对于常规、重复的简单任务众包，创新视角认为面向解决复杂创新任务的众包创新更具价值，相关研究更应该得到重视[2]。

（3）过程视角。过程是指一组任务或活动的集合，目的是通过聚合产生预期结果，它是把组织输入转化成期望输出的一系列活动[32~34]。该视角认为众包创新由一系列复杂过程构成：输入包括创新问题/任务（复杂结构、所需知识和技能）；输出包括创新方案（方案的质量、方案的数量等）；处理过程包括知识管理、互动管理、人员管理和技术管理等[19],[21]。格黑济等（Ghezzi等，2017）[21]提出了基于I－P－O（Input－Process－Output，输入—过程—输出）的众包创新过程框架，如图1－2所示。该理论从众包创新运行的生命周期视角，细化了众包创新的实施程序。

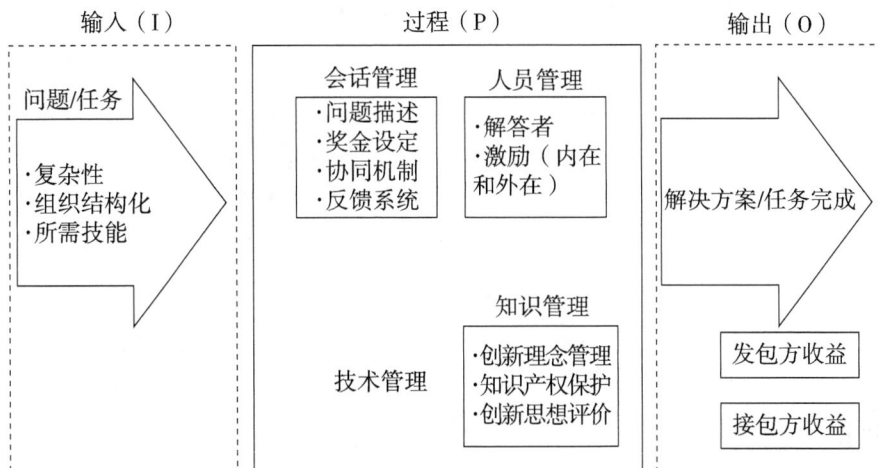

图1－2 众包创新的I－P－O过程框架

（4）组织设计视角。该视角分析了影响众包创新绩效的组织设计相关因素，包括任务的设计、管理方式、内部员工的参与行为以及相应的激励和考核措施等[35],[36]。众包创新模式作为一种新型创新模式，它的开放性、参与者主体自由自愿等特征，要求企业对组织结构进行重组，相应的考核和激励机制也需要重新设计，以确保外部创新资源的高效利用。

（5）信息系统视角。信息系统管理和信息技术的使用，对众包创新绩效起着关键作用。该视角也是众包创新中较为丰富的一个研究方向。主要聚焦于新兴信息技术（如社交网络技术、移动网络技术等）在众包创新中的应用、基于网络虚拟平台的众包创新运行机理、供需匹配视角的推荐算法等[19],[37~41]。该视角认为信息技术在众包创新中起着重要的使能作用（Enabling factor)，通过这些技术的应用，使大量用户聚集在一个平台中，并通过有效的推荐系统，达到创新任务与需求知识的有效匹配。可以说，信息系统和信息技术在众包创新绩效中发挥越来越大的作用。

此外，还存在大量文献研究了众包模式的具体分类问题。由于研究视角不同，相关文献将众包模式划分为多种不同类型：豪（Howe，2009）[42]认为在启动一项众包的提议之前，要根据自己的最终目标来选择众包模式，他认为众包模式存在四种类型：集体智慧（大众智慧）、大众创造、大众投票、大众集资；倪楠（2009）[43]分析了众包对企业人力资源管理的影响，认为"众包"按照参与者对任务是否拥有排他性权力，将众包分为非排他性众包和排他性众包；伯格等（Burger 等，2010）[44]认为，目前网络众包可以分成三种模式：面向日常工作的众包、面向信息内容的众包和面向创新的众包；李等（Le 等，2011）[45]则进一步将网络众包创新模式分为基于竞争的众包创新模式和基于合作的众包创新模式；申克等（Schenk 等，2011）[6]根据解决任务类型的不同，将众包分为整合型众包和选择型众包。整合型众包主要适用于简单任务，而选择型众包的对象以创新任务为主，如科研众包创新平台（InnoCentive）等；弗雷等（Frey 等，2011）[7]则将众包分为基于企业自建网络社区和基于第三方平台的众包创新模式，前者如戴尔创意风暴中众包社区（IdeaStorm Community）等，后者包括亚马逊土耳其机器人（Amazon MTurk）等；朱雅杰（2011）[46]指出众包是一种商业模式，较为成熟的众包商业模式包括维基模式和价值链模式；郝琳娜等（2014）[47]从网络众包的案例分析入手，将众包分为两类：一种是非营利性众包创新模式，如维基百科、百科全书等；另一种是营利性的众包模式，如亚马逊土耳其机器人（MechanicalTurk）、创新中心（Innocentive）、戴尔创意风暴中众包社区（IdeaStorm Community）等。

上述研究对众包创新模式进行了多层次划分，但无论哪种模式，都需要设计一套众包创新管理机制，有效获取和利用外部网络知识，保证高质量完成创新任务。

1.2.2　创新竞赛相关研究

创新竞赛作为众包创新的最直接方式[5]，是由组织者利用网络平台发布竞赛主题、竞赛规则和奖励方式等相关信息，吸引参与者提交创新方案，通过评价与择优，给予相应奖励。现有研究主要集中在创新竞赛绩效、任务设置和奖励机制设计等问题[12],[14]。

众包创新绩效作为创新竞赛关注的重点，部分学者从任务设置、解答者数量和任务不确定性等方面探讨创新竞赛绩效的评价问题。特尔维斯和徐（Terwiesch 和 Xu，2008）[12]认为，在创新竞赛中不限制参赛人数可提高创新方案的多样性，并且在一定程度上可抵消因参赛者投入不足而带来的损失。众包创新绩效受到任务接包方创新能力的影响，拥有较高创新能力的任务接包方往往可以创造高水平的创新绩效。布德罗等（Boudreau 等，2011）[13]运用实证研究了软件的创新竞赛问题，发现对于存在高度不确定性的创新竞赛，增加竞赛人数可帮助提高整体的创新绩效，而且因参赛者数量增加所带来的负面影响也会因问题的不确定性高而减弱。杨（Yang，2012）[14]认为创新竞赛绩效可由解答者数量、提交方案数量与速度共同决定，而任务奖励金额、竞赛周期、任务竞争强度与复杂性则会影响解答者数量和方案的提交速度。邵等（Shao 等，2012）[48]从研究解答者数量与质量的角度出发，发现奖金高、任务难度低、竞赛周期长且竞争强度低的创新任务能吸引更多数量的解答者参与；而奖金高、任务难度高且竞赛周期长的创新任务能吸引更高水平的解答者。拉哈尼等（Lakhani 等，2013）[49]也发现，众包创新绩效受到任务接包方人数及任务不确定性的影响，在任务存在高度不确定性时，随着任务接包方人数的增加，创新绩效显著提高。刘等（Liu 等，2014）[50]发现，奖励金额正向影响创新方案的质量与数量，而已提交的高质量创新方案负向影响其他创新方案的质量与数量。王丽伟等（2014）[51]认为，奖励报酬能够显著增加接包方人数，而竞赛周期的延长可增加创新方案数量且提高创新任务的完成率。马丁内斯（Martinez，2015）[52]从工作设计理论出发，揭示了众包创新方案的多样性和创新性受到任务接包方知识共享水平的显著影响。此外，还有部分学者[53]从接包方努力程度、中标经验等方面研究众包创新绩效的关键影响因素。

部分学者从奖励机制、参赛者个体特征和方案质量等角度展开相关研究。车和盖尔（Che and Gale，2003）[54]研究表明，在创新竞赛信息不对称的情况下，采用竞价奖励优于固定奖励。马特洛斯（Matros，2005）[55]证明若参赛者风险中性，采取赢者通吃奖励机制可带来最高的参赛者总体努力水平和创新绩效。而阿尔恰科等（Archak 等，2009）[56]则指出若参赛者是风险厌恶型，为提升整体创新绩效，应设置多层次的奖励，而非仅对最佳方案进行奖励。卡森等（Cason 等，2010）[57]运用实验方法比较了按比例奖励与赢者通吃两种奖励机制，发现前者能吸引更多参与者，且取得的创新绩效更高。舒马赫等（Schuhmacher 等，2012）[58]通过分析珠宝设计的创新竞赛发现，在所有消费者特征中，对现有服务不满意程度、消费者经验对方案的质量具有最重要的影响。马丁内斯（Martinez，2017）[59]对众包竞赛的实证研究发现，任务设计环节中的任务多样性、竞赛自主性及问题解决努力水平，主要通过任务接包方的内部动机影响其参与意愿，而参与意愿显著影响创新方案的质量。

可见，创新竞赛相关主题的研究成果较为丰富，但实践中出现用户持续参与度不高、竞赛效率低下等问题[3],[14]，创新竞赛本身的内在机制及实践应用需进一步探索。此外，一些针对线下创新竞赛的研究成果是否适用于开放式网络众包创新模式，还需进一步实践验证。

1.2.3 众包创新模式下用户参与动机的相关研究

众包创新的组织形式开放，参与者自由自愿，企业需要引导用户积极参与，故了解用户参与动机是提升众包创新绩效的前提。一些学者[7],[8]通过对开源软件、维基百科及一些众包网站的实证分析，提出外部动机（奖金报酬、对事业有益、成就感等）和内部动机（喜好、乐趣、学习等）是主要动机，而且有时内外动机相互排斥，存在挤出效应。克莱曼等（Kleemann 等，2008）[60]总结了前人对开源社区参与动机的相关研究，揭示了参与者主要受到奖金激励、学习新知识和获得与职业相关的技能等外部动机的影响，同时也受到享乐主义与目标达成后满意度的影响。布拉汉姆（Brabham，2008）[17]实证研究了众包社区（Istockphoto），发现用户的参与动机主要受到金钱奖励的影响。此外，虚拟社区的认知感、娱乐性及学习技能等也构成用户的参与动机；弗雷等（Frey 等，2011）[7]通过 Atizo 众包创新平台的实证，发现奖金报酬与创新质量显著正相关，内在享受动机与创新质量也显著正相关，而两者之间存在弱负相关。叶伟巍等（2012）[61]则结合案例分析，提出用户参与动机主要受到报酬、认同感、兴趣及成就感等动机驱动。张利斌等（2012）[62]将大众参与众包创新的动机归为金钱报酬、满足心理需求及学习新知识和技能。加赛汉尔等（Gassenheimer 等，2013）[10]则提出存在内部动机、内化的外部动机和外部动机三种类型，且对企业的吸收能力具有重要影响。冯小亮等（2013）[11]运用扎根理论研究方法得到类似观点，而且认为这三种动机呈现共生关系，其中内部动机的影响作用相对更大，并指出奖金激励、能力锻炼及兴趣爱好是用户参与的三个主要动力。科索恩等（Kosonen 等，2014）[30]则认为众包用户的参与行为受到地位提升、维系关系、获取信息及享乐主义等因素驱动。布恩斯等（Boons 等，2015）[63]基于群体卷入模型（Group Engagement Model），发现自豪感与受尊重感均会对参与行为产生影响，其他参与者的认可也同样正向影响参与行为。穆萨维等（Moussawi 等，2015）[64]基于需求层次理论与生存—关系—成长（Existence – Relatedness – Growth，ERG）需要理论，认为众包用户的参与动机主要出于满足社会和个人成长的需要。叶等（Ye 等，2017）[65]基于社会交换理论，认为接包方的参与行为受到工作自主性、享乐主义及奖金报酬等因素的正面影响，并受到认知努力的负向影响。马丁内斯（Martinez，2017）[59]以数据分析竞赛网站卡古网（Kaggle）为对象，认为诸如满意、享乐主义和获得认可等动机显著影响用户的参与行为。根据上述研究，将用户参与众包创新的主要内部、外部动机总结如表 1 –1 所示。

表 1 –1　　　　　　用户参与众包创新的主要内部、外部动机

动机类型	主要维度
内部动机	享乐主义
	兴趣爱好
	娱乐性
	受尊重感
	维系关系
	满足成长需要
	学习新知识
	获取信息
外部动机	奖金报酬
	获得职业发展相关技能
	能力锻炼
	地位提升

动机类型	主要维度
	成就感
外部动机	工作自主性
	认同感

此外，相关学者研究表明，相对于初始参与而言，用户的持续参与对实现良好的众包创新绩效更加关键[3],[66],[67]。为此，一些学者探索了众包创新中的用户持续参与的相关动机。杨等（Yang 等，2010）[68]比较雅虎问答等三个网络知识分享社区中用户全生命周期的参与行为，发现30% ~ 70%的用户仅参与一次就退出社区，而用户的后续参与意愿受到第一次问答参与体验的显著影响，并且用户持续参与意愿与前一个月的获胜率显著相关。仲秋雁等（2011）[69]运用实证研究，发现用户的持续参与意向受到用户的沉浸和满意度的影响，并且大众的感知有用性正向影响用户的满意度，享受乐趣、虚拟社区感和自我肯定会促使沉浸的形成。孙等（Sun 等，2012）[9]结合社会学习理论与期望价值理论，对交易型虚拟社区的用户持续参与行为展开实证研究，发现用户的持续参与意愿受到内外部动机的影响，且自我效能与任务复杂性起调节作用。阿里斯（Aris，2015）[66]以手机众包社区为例，提出信任、共同的目标等因素影响用户的持续参与。索利曼等（Soliman 等，2015）[67]从参与动机视角分析了用户持续参与众包的驱动因素，发现利己动机影响用户的初始参与，而社会动机与利己动机共同驱动用户的持续参与行为。此外，杰克逊等（Jackson 等，2015）[70]结合案例分析，揭示了社区认可有助于众包用户实现从初始参与到持续参与的转变。卢新元等（2016）[71]分析了众包模式下用户忠诚度的影响因素，探讨了提升用户持续参与的相关措施。

由此可见，用户参与动机对众包创新绩效有重要影响，无论是从初始参与动机，抑或是持续参与动机。但其作用机理呈现复杂特征，需要从双边视角结合实证开展深入剖析。

1.2.4　众包创新模式下的知识共享相关研究

不同于简单任务的众包，众包创新以创新任务为对象，强调外部知识的有效利用，均衡协调内外部资源，以多种方式为创新活动提供服务[7],[72]。现有研究多聚焦于众包创新用户知识分享动机的影响机理：邱等（Chiu 等，2011）[73]基于社会资本及社交认知理论，揭示出社交关系、互惠主义、认同感和共享观念共同影响知识分享数量，而知识分享质量则受到信任及共享观念的影响；雅丹等（Jadin 等，2013）[74]应用扩散理论研究了众包社区中用户的个性特征和知识分享意愿，揭示了创新观念、领导能力与社会价值观对知识分享具有显著影响，而参与动机在其中起调节作用；科索恩等（Kosonen 等，2014）[30]对众包社区创意项目（IdeasProject）进行实证分析，发现众包创新用户知识分享意愿受到社交收益和学习收益的影响，而虚拟社区认可显著提升用户知识分享意愿；加夫尼等（Gafni 等，2014）[75]研究用户生成内容（User–generated content）众包网站的知识分享行为，发现有形奖励对用户分享知识有积极作用，而无形奖励更能对用户鉴别知识产生影响；周等（Zhou 等，2014）[76]对虚拟社区进行实证研究，发现基础性交流促进用户的知识获取与共享，补充性交流起相反作用；而自我效能与结果预期起中介作用；谭云清等（2014）[77]则从任务接包方视角出发，实证研究发现信任、合作关系质量及正式合约等因素显著影响任务接包方的知识获取，且信任对隐性知识获取的影响最大，显性知识获取受跨文化沟通的影响最大；马丁内斯（Martinez，2015）[52]则认为任务自主性、多样化、反馈和问题解决显著影响任务接包方的知识共享水平，最终影响众包创新方案创新性；加里戈斯等（Garrigos 等，2015）[78]研究发现，任务接包方知识共享行为主要受个人利益驱动；格里等（Geri 等，2017）[79]分析用户生成内容众包网站，发现互惠主义、奖励及声望等外部动机显著影响用户的知识分享行为。

也有部分学者从多角度探索了众包创新模式下的知识分享与获取机制问题：甘等（Gan 等，2012）[15]提出仅从参与动机探索众包模式下的知识共享行为还不够，需要基于更微观视角进行考究，并提出从动机、机会和能力（MOA）三维度探索知识共享机制的概念框架；萨布等（Sabou 等，2013）[80]提出通过众包模式进行知识获取过程中，需要构建多样化类型的众包流，以降低知识的粗糙度，并激励更多大众参与；肯德瑞迪等（Kondreddi 等，2014）[81]提出要整合信息提取和人工计算用于众包创新的知识获取，在提高众包创新效果的同时，降低知识获取成本；借鉴虚拟社区下知识共享研究成果，郝琳娜等（2016）[82]从任务发包方视角探究如何设计合理的激励机制，以促进众包创新虚拟社区的知识共享行为。

上述研究对分析众包创新模式下的知识获取机理具有重要启示作用，但考虑到众包创新作为一种新型商业模式，还须进一步探索和完善。

1.2.5 亟待解决的几个问题

基于上述相关研究文献的梳理可见，理论和实践界的相关学者对众包创新做出了大量研究，对众包创新理论的发展和众包创新模式的实践应用，起到重要的推动和指导作用。考虑到众包创新模式属于一种新型商业模式，相关研究还须进一步强化和完善。

（1）众包创新作为新型创新模式，其本质是企业突破传统组织界限，通过获取与整合外部网络知识实现创新的商业模式。探索众包创新模式下的知识获取机制能抓住众包创新的本质，但当前文献缺乏关注。分析众包创新模式知识获取的关键影响因素、探索知识获取对众包创新绩效的影响机制和实现策略具有前瞻性和可探索性。

（2）现有文献要么从用户视角探索参与众包创新的动机，要么从企业视角分析众包创新的运作机制，很少涉及双边视角的考究。众包创新具有组织模式自由开放、创新任务复杂多样、参与者不确定性强和难以控制等特征，因此，从双边视角开展众包创新的相关理论和实证研究亟待加强。

（3）影响众包创新模式下知识获取的因素复杂多样，如创新任务、参与动机、吸收能力和众包环境等，这些因素对知识获取和众包创新绩效产生复杂的作用机理，需要运用质化研究与量化方法相结合、理论分析与实践验证相结合的科学研究方法进行深入剖析和探索。

（4）从实践来看，近年来国内也出现了一些网络众包平台（如猪八戒网、任务中国等），但其应用还处于信息处理和简单工作众包等初级阶段，且主流企业参与不足、用户持续参与度不高、竞赛效率低下等，与国外创新领先企业倾力打造众包创新模型形成强烈反差。如何从双边视角出发，探索知识获取影响因素、知识获取对众包创新绩效的作用机制，寻求匹配众包创新的关键知识源，设计有效的控制策略，引导和激励用户持续参与众包创新，进而提升众包创新绩效，成为亟须解决的关键问题。

1.3 研究内容、思路和研究方法

1.3.1 研究内容与思路

从双边视角出发，结合开放式创新、用户创新、创新民主化、价值共创和知识管理等相关理论，沿着"机制探索—策略构建—实证分析"的思路开展相关研究，本书的研究内容、研究思路及方法具体如图1-3所示。

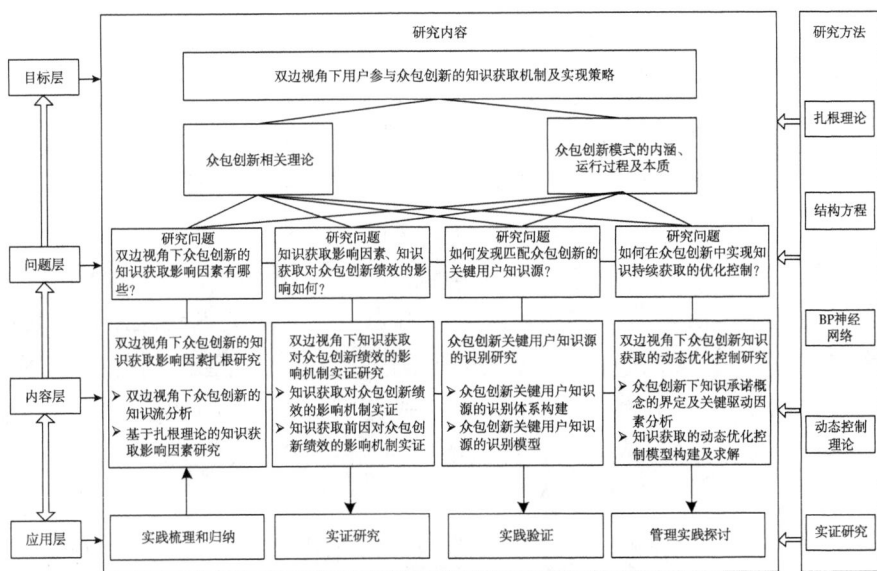

图1-3 本书的研究内容、研究思路及方法

（1）众包创新的相关理论。通过分析众包模式的兴起和相关类型，阐述了开放式创新、用户创新、民主化创新、价值共创和知识获取等相关理论的基本内涵，并分析了这些理论与众包创新理论的联系和区别。

（2）众包创新模式的内涵、运行过程及本质。从众包创新的内涵出发，分析众包创新模式的分类及特征，研究众包创新模式的一般运行过程，提出众包创新的本质是企业充分利用外部网络知识实现创新的商业模式。

（3）双边视角下众包创新的知识获取影响因素扎根研究。从众包创新实践出发，结合虚拟社区知识共享和用户参与创新等相关理论，分析双边视角下众包创新过程存在的知识流。考虑到众包创新属于一种新型商业模式，而扎根理论作为一种重要归纳式研究方法，具有注重实践、强调比较研究的优点，提出运用扎根理论研究双边视角下众包创新的知识获取影响因素。从国内典型众包平台（猪八戒网、任务中国等）进行理论抽样，通过分析开放式编码、主轴编码、选择性编码和理论饱和检验的具体实现过程，形成众包创新下知识获取影响因素的理论框架。

（4）双边视角下知识获取对众包创新绩效的影响机制实证研究。基于扎根理论的质化研究成果，构建相关研究概念模型，探索双边视角下的知识获取前因对知识获取以及众包创新绩效的影响机制问题。通过相关假设和量表开发，基于典型众包平台开展调研和数据收集，运用结构方程分析方法进行实证研究。

（5）众包创新关键用户知识源的识别研究。关键用户知识源识别的目的是要解决在海量网络信息中发现最有利于解决创新任务的用户知识源。从供需双方知识匹配视角，通过分析创新任务的类型与特征、众包创新的组织形式、用户参与动机等因素，从用户知识能力、双方参与意愿和创新任务水平三个维度构建关键用户知识源的识别体系。考虑到误差逆向传播神经网络（BP 神经网络）算法的优势，构建基于误差逆向传播神经网络（BP 神经网络）的关键用户知识源识别模型。结合国内网络众包平台（猪八戒网），利用网络爬虫软件随机抓取用户参与众包创新的相关数据开展实证研究。

（6）双边视角下众包创新知识获取的动态优化控制研究。考虑到创新任务的复杂性及知识的"黏性"等特征，需要引导和激励用户持续参与众包创新，这就要求企业采取有效的控制策略确保知识持续获取以完成创新任务。结合关系营销与知识共享理论，界定众包创新中的知识承诺概念，分析知识承诺的驱动因素，提取信任、感知价值满足水平、知识获取投入水平和机会主义倾向四个关键驱动因子，并通过分析双方知识承诺水平、知识获取投入水平与企业商业价值的关系函数，构建众包创新的知识获取动态优化控制模型。通过分析模型相关假设与约束设定，利用动态优化控制理论进行求解，并通过灵敏度分析探讨知识获取的最优决策结果。

1.3.2 主要研究方法

基于上述研究内容，主要采用扎根理论、结构方程、误差逆向传播神经网络（BP神经网络）算法和动态优化控制理论等质性和量化相结合的研究方法开展相关研究，以保证研究的规范性、科学性和先进性。

（1）考虑扎根理论的优势，运用扎根理论从双边视角探索众包创新下知识获取的影响因素。从猪八戒网、时间财富、一品威客、任务中国等众包平台进行理论抽样，并通过开放式编码、主轴编码、选择性编码和理论饱和检验进行分析，构建众包创新下知识获取的影响因素理论框架。

（2）基于扎根理论的质化研究结果，构建众包创新模式下知识获取影响因素、知识获取对众包创新绩效影响机制的研究概念模型，通过模型假设与量表开发，运用结构方程分析方法进行实证研究。

（3）考虑到所构建的众包创新关键用户知识源识别体系中各指标的特点，而误差逆向传播神经网络（BP神经网络）算法具有非线性映射、自学习、自适应和泛化能力的优点，运用误差逆向传播神经网络研究众包创新关键知识源的识别问题。

（4）通过界定众包创新中知识承诺的内涵，提取信任、感知价值满足水平、知识获取投入水平和机会主义倾向四个关键驱动因子，运用动态优化控制理论研究了众包创新模式下知识获取的动态优化控制问题，并结合案例进行实证分析。

1.4　本书的结构及组织

本书共分为八章，结构关系如图1-4所示，各章组织如下。

1　绪论。主要论述本书的研究背景，介绍了国内外相关研究现状和本书的主要研究内容、研究方法及组织结构。

2　众包创新的相关理论。从众包模式兴起的原因出发，分析了众包模式的相关类型，阐述了众包创新的相关理论基础。

3　众包创新模式的内涵、运行过程及本质。通过文献梳理，分析了众包创新的内涵、分类及特征，研究了众包创新模式的运行过程，提出了众包创新的本质。

4　双边视角下众包创新的知识获取影响因素扎根研究。结合扎根理论的基本原理，基于国内的典型众包平台的相关数据，研究了众包创新的知识获取影响因素。

```
┌─────────────────────────────────────────────────────────┐
│                      1 绪论                                │
└─────────────────────────────────────────────────────────┘
                            ↓
┌─────────────────────────────────────────────────────────┐
│                 2 众包创新的相关理论                        │
└─────────────────────────────────────────────────────────┘
                            ↓
┌─────────────────────────────────────────────────────────┐
│            3 众包创新模式的内涵、运行过程及本质              │
└─────────────────────────────────────────────────────────┘
        ↓              ↓              ↓              ↓
┌──────────┐  ┌──────────┐  ┌──────────┐  ┌──────────┐
│4 双边视角下│  │5 双边视角下│  │6 双边视角下│  │7 双边视角下│
│众包创新的知│→ │知识获取对众│→ │众包创新关键│→ │众包创新知识│
│识获取影响因│  │包创新绩效的│  │用户知识源的│  │获取的动态优│
│素扎根研究  │  │影响机制实证│  │识别研究    │  │化控制研究  │
│          │  │研究        │  │          │  │          │
└──────────┘  └──────────┘  └──────────┘  └──────────┘
        ↓              ↓              ↓              ↓
┌─────────────────────────────────────────────────────────┐
│              8 研究结论、创新之处与未来展望                 │
└─────────────────────────────────────────────────────────┘
```

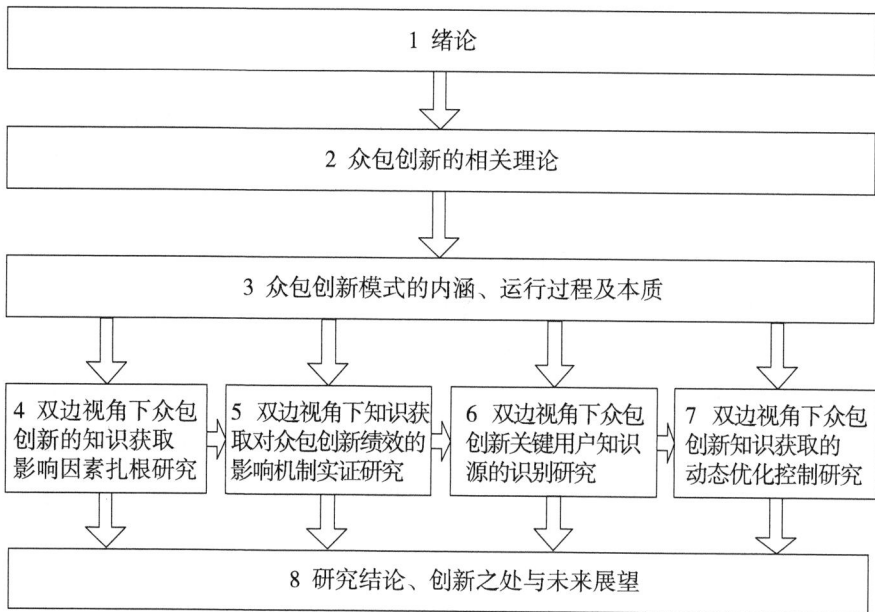

图 1-4   本书的结构关系

　　5　双边视角下知识获取对众包创新绩效的影响机制实证研究。基于典型众包平台,开展调研和数据收集,运用结构方程分析方法探索知识获取前因对知识获取以及众包创新绩效的影响机制问题。

　　6　双边视角下众包创新关键用户知识源的识别研究。从供需双方知识匹配视角,构建了包括用户知识能力、双方参与意愿和创新任务水平三个维度的关键用户知识源识别体系,运用 BP 神经网络方法研究了关键用户知识源的识别问题。

　　7　双边视角下众包创新知识获取的动态优化控制研究。结合关系营销与知识共享理论,界定了众包创新中的知识承诺概念,分析了知识承诺的关键驱动因素,构建了众包创新的知识获取动态优化控制模型,探讨了知识获取的最优决策结果及其管理应用问题。

　　8　研究结论、创新之处与未来展望。对本书的主要研究工作、结论和主要创新点进行总结,并提出有待进一步研究的相关问题。

2 众包创新的相关理论

根据本书的主要研究内容，本章将从众包模式的兴起和类型、开放式创新、用户创新、民主化创新、价值共创和知识获取等方面阐述众包创新的相关理论。

2.1 众包模式的兴起和类型

2.1.1 众包模式的兴起

众包作为一种企业充分利用外部资源的有效模式，从产生开始就得到广泛关注。总体来说，众包模式的出现是当前社会、经济和技术发展到一定阶段的产物，经济的快速发展、消费者生活水平的提升、企业内部资源的有限性呈现是众包模式产生的客观条件，而用户能力的提升、信息技术的发展、企业管理模式的变革使众包模式的快速发展成为可能。

1. 用户需求的改变与提升

随着社会生产力的提升和人们生活水平的提高，用户需求出现很大改变：对产品质量和服务水平的要求越来越高；产品和服务的定制化要求也越来越高；易于接受新奇的思想和事物，希望购买的产品和服务根据自己的偏好量身定做；客户超越了理性消费的模式，更加强调个性化的客户经历和客户体验，判断产品和服务的品质，更多地从给予其带来的体验来决定。传统大规模生产方式缺乏满足用户个性化需求的能力，为应对用户的需求改变和升级，提升用户满意，需要企业的管理模式进行变革。而众包模式通过让用户参与产品和服务的价值创造过程，充分利用用户的能力，在一定程度上能有效实现满足用户个性化需求的目标。

2. 互联网及信息技术的快速发展

近年来，随着互联网及信息技术的快速发展，以及各类网络平台的兴起，成为众包模式得以应用的重要技术基础。互联网技术的发展和互联网的大面积普及打破了空间和时间的制约因素，使用户参与众包成为可能。而且，当前互联网已经不仅仅是媒介组织发布信息、用户浏览信息的工具，更成为由广大用户主导的、积极参与生成内容的平台。企业可以借助网络将广泛分散在各地、具有不同文化背景和知识技能的用户聚集到网络平台上，通过采用分散化方式促进用户之间相互沟通、相互交流、相互竞争和相互协作等，形成全球化的分布式众包系统。

此外，互联网及信息技术和各类网络平台的出现，能聚集和整合丰富的相关资源，形成以兴趣为基础的网络社区。这些具有较强的自组织特征的网络社区平台，有助于打开用户与企业的沟通渠道，并提供有价值的信息资源、知识资源和人力资源。而且，互联网技术和相关信息技术不仅降低了时空对生产力的限制，同时也降低了用户参与众包的成本和参与门槛，为用户参与企业价值共创，实现协同化创新，发挥个人创造能力提供了新的途径[83],[84]。伴随着语义网、即时通信技术等信息技术的发展，用户大众在获取新知识、实现即时沟通和利用信息技术发挥自身能力等方面变得更加方便快捷，在一定程度上为众包的发展提供了契机。

3. 传统封闭式创新模式的不足

经济全球化、知识经济的盛行、社会化媒体和移动互联网的日益普及以及用户的个性化种种因素，迫使企业寻求新的商业模式来应对更具创新性的竞争环境。传统的封闭式创新模式出现了模式单一、创新效率偏低、技术创新与市场需求具有时滞性等问题，严重阻碍了企业竞争优势的获取。此外，自我依赖的传统封闭式创新模式长期占据主导地位，企业主要利用内部资源进行创新与市场开发。这种创新模式存在研发投资巨大、内部创新不能及时商业化、外部创新无法有效吸收等突出问题。寻求新的创新渠道，进行有效的外部资源获取和利用，成为企业解决上述问题的关键。因此，随着信息技术的发展和知识流动速度的加快，企业通过运用众包创新模式，突破组织界限，整合和借助外部资源，获取和吸收外部相关知识，可以实现高效率的产品和服务创新。

4. 用户角色的改变和参与价值创造的主动性提升

随着社会的进步和先进信息技术的发展，用户获取知识的渠道和能力日益提升，同时，用户也主动要求参与企业的新产品研发、制造和营销中去，渴望能与企业坦诚平等的对话，成为企业有帮助的合作者和价值共创者[85]。同时，用户也具备了参与企业价值创造活动的能力，也就是说，用户表现出了很强的竞争力，尤其是在第二代互联网（Web2.0）时代，用户已经走出传统被动购买者的角色，在作为价值消费者的同时，成为价值的创造者。表2－1通过四个阶段和几个关键维度，描述了用户角色的演化过程[85]。

表 2－1 用户角色的演化过程[85]

用户角色演化过程	预先确定的购买者群体	与单个购买者交易	与单个用户联盟	用户作为积极参与者、价值的共同创造者
时间	20 世纪 70—80 年代初	20 世纪 80—90 年代初	20 世纪 90 年代	2000 年以后
商业变化的特点以及相应的用户角色	用户被看作是扮演一个预先假设角色的被动购买者			用户是供应链网络的一部分，他们共同创造价值，是企业的共同合作者、共同发展者以及价值共创者
企业与用户的互动、产品和服务的发展	互动方式是传统的市场调研和问卷调查；产品和服务开发出来后没有多少反馈	从销售转向通过呼叫中心和用户服务中心等帮助用户；从用户中识别问题，根据用户反馈重新设计产品和服务	通过主动观察为用户提供帮助；从领先用户那里确定解决方案；根据对用户需求的深入理解重新设计产品和服务	用户是企业产品和服务的共同开发者。企业和领先用户在引导、树立期望以及创建市场对产品和服务的接受程度等方面扮演同样的角色

可见，正是用户角色的改变和参与主动性的提升，使企业能够有效运用众包模式，通过虚拟网络平台与用户进行互动，充分利用用户的相关知识和能力。

2.1.2 众包模式的类型

2006 年 6 月，豪（Howe）[1] 在其发表在《连线》杂志的一篇文章中率先提出了众包（Crowdsourcing）的概念，并将其定义为："指一个公司或机构把过去由员工执行的工作任务，以自由自愿的形式，外包给非特定的（通常是大型的）大众网络的做法。"斯里夫特（Thrift, 2006）[86] 提出众包模式能够完成对不规则资源整合的刺激和协调，使之能够规范有序的组织化工作。维基百科（Wikipedia）将众包定义为业余爱好者或志愿者利用业余时间解决平台上发布的问题，或者提出个人创意的做法[87]。布拉汉姆（Brabham, 2008）[88] 从系统性的角度出发将众包描述为需求企业在平台上发布问题，大众群体提供任务解决方案，提供优秀方案的参与者获得报酬，且知识成果为企业所有，是一种分布式问题的解决模式和生产模式。查纳尔（Chanal, 2010）[89] 认为众包模式实质上是一种企业的开放式创新生产模式，通过互联网平台，获取企业外部众多离散资源。这些资源既包括个体（顾客、业余爱好者及其他大众），同时也包括团体资源（如开源软件群体）。

虽然众包模式在国外得到了广泛应用，学术界也对其进行了大量研究，但作为一种新构成的英语复合词，在引入我国之初没有得到与之准确对应的中文名称，有学者将其翻译成"群包""群众外包""众包"以及"公众外包"，但"众包"的称谓认同程度最高[90]。付群英（2016）[91] 提出众包模式本质上是企业将内部特定的任务，借助专门的网站外包给企业外部的大众，并对按规定完成任务的志愿者给予经济奖励的大众承包模式。如果从契约经济学的角度出发，众包模式则是一种充分发挥企业外部大众的知识、时间和资源，来完成企业指定任务、没有特定发包对象的大众委托契约。姜奇平（2009）[92] 认为我国经典的俗语"三个臭皮匠，顶个诸葛亮"可以近似地概括众包的内涵。他认为众包模式属于一种价值创造网络，其突破了企业的资本专用性边界，跨组织共享信息资源和协同配置实体性资源，此外，该模式还充分发挥个体的创新性和创造性。刘景方等（2015）[93] 则指出众包是软件开发行业中的开源软件行为在其他行业领域内的应用。林永青（2009）[94] 宏观上指出众包模式是一种网络社会的社会化生产模式。林素芬等（2015）[95] 创新性地提出众包模式是信息、商业与知识三个领域的渗透研究，即以信息技术为依托，用创新的商业模式进行知识生产。

可见，上述这些概念和内涵是强调众包某一方面的特征，或是将其作为其他概念的特例或延伸，并没有一个完全统一的内涵界定。但通过文献梳理和实践总结，一般来说，众包模式的类型可以分为群体智慧、大众创造、大众投票和大众集资四类。

1. 群体智慧

企业可以利用群体智慧（大众智慧），解决企业运营过程中遇到的疑难问题。通过第三方众包平台或企业自建网络平台，吸引分布在世界各地的各行各业的众多网络用户参与进来，然后借助这些具有多样化知识的群体来为企业服务。创新中心（InnoCentive）平台是利用群体智慧为企业解决疑难问题的第三方众包平台，企业通过悬赏的方式将自己的创新问题转交给大众群体来完成。此外，企业也可以利用网络社区的群体智慧预测事物未来的发展。

2. 大众创造

大众创造（用户生成）是企业把传统由内部员工执行的任务外包给网络社区的用户，由大众用户来完成产品或服务的创造。例如，无线 T 恤社区（Threadless）是典型的利用用户来进行生产的模式，大众主动进行 T 恤设计并上传到社区，无线 T 恤社区将获得投票最多的设计方案进行商业开发。维基百科也是通过大众在网站上创建、编辑、修订、增补相关内容来完成的。互联网时代，大众由单纯的消费者转变成了协作生产者，完成了本由企业创造的产品或服务。

3. 大众投票

大众投票是企业利用大众识别能力，对海量信息进行过滤，完成对产品或服务的评价与筛选。亚马逊通过对消费者购买记录的统计，分析消费者的购买偏好，向具有相似偏好的消费者进行相关推荐。百度、谷歌等搜索引擎都会依据信息的点击量，对信息的相关度和重要度进行排序。

4. 大众集资

大众集资是指企业或个人可以通过众包完成对资金的筹集，使大众代替信贷机构，成为资金的来源。成交网（Kiva. com）是一个专门从事大众集资服务的平台，其很好地促进了第三世界小公司与第一世界信贷机构的对接。

上述四种类型的众包活动并不是独立运行的，在实践中往往被整合起来实施。例如，无线 T 恤社区几乎兼顾了上述四种类型的众包活动。无线 T 恤社区里的 T 恤设计方案由社区用户完成，用户将完成的设计方案上传到社区；

大众对社区公布的设计图案进行投票，选出最满意的设计方案；无线 T 恤社区（Threadless）将被选出的设计方案投入生产中，大众再对生产出来的产品进行市场销售工作。

2.2 众包创新相关理论

无论是理论研究还是实践应用，众包创新理论经常与开放式创新、用户创新和民主化创新等理论同时出现。为深入理解众包创新理论的本质，需要对上述理论进行分析与比较。

2.2.1 开放式创新

切萨比鲁夫（Chesbrough，2007）[96]通过描述企业如何从封闭的创新过程转变到更开放创新过程的做法，首次提出开放式创新（Open Innovation）的概念，并将开放式创新定义为：有目的地利用知识的流入与流出促进内部创新进程，同时扩展创新的外部应用市场。可见，开放式创新可分为流入型开放式创新和流出型开放式创新两种基本模式。在流入型开放式创新中，企业监控外部环境变化，以获取企业外部知识与技术来源，主要用于对新知识与技术的探索；在流出型开放式创新中，企业不仅依赖内部的市场化途径，还寻求外部合适的组织对内部技术进行商业化开发，主要是对现有知识与技术的开发。也可以这样认为，流入型开放式创新强调由外到内，企业获取外部资源进行创新绩效提升；流出型开放式创新强调由内到外，企业将自己的创新成果以转让或出售等形式投入市场，让创新成果创造更大的效益。开放创新带来的最终结果是企业的创新边界变得十分模糊，难以界定，企业通常以整合者身份而非拥有者身份，将创新成果推向市场，以获取更大的创新绩效。

开放式创新的本质是通过整合组织内、外部资源和相关知识实现创新的过程。因此，开放式创新离不开企业内、外创新源之间的协同和交互。一般来说，开放式创新的合作伙伴包括供应商、消费者、竞争者、研发机构等，具体实现机制可以采用传统包括购买技术授权、建立战略联盟、购买科技服务等方式，也可以运用第二代互联网（Web2.0）技术，通过虚拟开放网络获取外部群体的相关知识和技术。该模式极大地拓展了传统创新网络的合作边界，提高了创新的开放度和效率。

可见，开放式创新是企业突破原有的组织边界，通过改变与外部企业和用户的关系，增强相互之间的关联和协作，获取外部创新资源和知识，进而实现有效的创新[97]。因此，众包创新可以看成是开放式创新的一种特殊形式。众包创新就是通过引导网络用户参与到企业特定创新过程的开放式创新活动。而且有学者[98]认为，从开源创新到众包创新模式，信息化无疑起着重要作用，全面影响着开放式创新理论的演化。也有学者[61]认为众包创新与开放式创新并不是简单的隶属关系，众包创新是企业开放式创新的一种特殊形式——面向创新的众包模式。开放式创新和众包创新都强调企业充分整合和利用外部资源进行创新。不过，有别于开放式创新的利用外部资源模式，众包创新不仅使具有不同背景、职业和知识技能的用户联合在一起产生具体解决方案，更使专业技能个人、团队及业余爱好者、兴趣爱好者集聚在一起并形成集体智慧。一般来说，开放式创新模式更关注组织间合作创新，而众包创新更关注社会大众的合作创新。

2.2.2 用户创新

20世纪70年代美国麻省理工学院的埃里克·冯·希普尔教授（Eric Von Hippel）率先提出"用户是创新者"概念，并结合实证将创新源分为供应商创新、用户创新及制造商创新三种。希普尔教授提出随着用户需求的个性化和多样化，原有的封闭式创新模式已不能支撑企业大量增长的创新需求，迫使企业开始从用户中获取创新资源，弥补企业内部创新不足，即用户创新（User Innovation）[99]。希普尔教授（Hippel，1996）[100]在研究创新源的多样性时发现：在计算机领域，用户创新比例达33%；在石油加工流程、科学仪器领域，用户创新比例达43%和82%，而在滑板、雪橇和冲浪板等运动器械行业，用户创新比例都超过了50%[100]。可见，这些行业中很多具有重要商业价值的创新都是来源于用户或是由用户与企业共同开发的，而不是由产品制造商独立完成。也就是说，用户创新成为提升企业创新绩效的重要模式之一。用户创新可以有效地集成用户需求信息和企业产品创新能力，得到了许多学者和企业的广泛关注和重视。

用户创新本质上是用户基于使用经验对现有的产品或服务的缺陷提出改进建议和提出创新想法，以更好地满足自身需求[100]。从心理学角度出发，用户创新反映了用户不断追求改变和尝试新事物的心理特质。从行为角度出发，用户创新反映的是用户利用先进技术和开放性信息，参与企业生产过程，体验独特经历的过程。从个性角度出发，用户创新是为满足自身的个性化需求，打破陈旧消费模式，期望对产品或服务做出一系列改变的性格特质。学者吴贵生（1996）[101]在总结前人研究基础上对用户创新概念进行了更加准确的界定，提出用户创新应该包含三个方面：①用户是为更加贴切地满足自身的需求对产品或服务提出的新想法；②用户是为达到自己的使用目的而进行设备、工具、工艺等的创造；③用户对提供商提供的产品或服务做出的改进。

用户创新的"用户"，是指希望通过对产品和服务的使用而获利的公司或个体消费者，其最主要的特征就是可以单独从创新中直接获利；而企业则必须将与创新相关的产品或服务直接或间接地出售给用户，才能实现获利。由于信息禀赋差异和信息不对称等因素，用户掌握了大量不可替代的信息，同时，用户角色和用户能力也得到大幅度提升，进而成为重要的创新源和企业创新活动的补充。用户创新一般表现为用户协助企业进行创新（协作创新）和用户独立创新两种形式[102]。实际中，由于创新具有一定的风险性，而且用户创新的目的仅为满足自身使用目的。因此，用户一般会选择参与企业创新活动中，与企业合作完成创新。

在实践中，用户创新更加强调和聚焦创新领域中的用户作用，如领先用户（Leader Users）的作用等，创新用户在参与过程中可获得快乐和满足对学习的需求。众包创新本质上也强调用户创新的作用，但对用户的具体特征和具体能力并没有特殊强调。此外，当前的众包创新更加借助于虚拟网络平台，以充分利用外部所有相关的创新知识源。

2.2.3 民主化创新

随着知识经济时代到来以及信息技术的发展，企业创新也显示出由专业化转向民主化倾向。创新民主化理念指出创新源是富有变化的，希普尔教授（Hippel，1996）[100]归纳出四种外部创新源：用户和供应商、大学和研究机构、竞争者和其他国家。他在分析开源技术的技术上，提出了创新民主化理念。创新是"创意的产生—采用—执行—扩散—商业化"的过程，而创意主要产生于个体层面的认知和情感过程，所以富有活力的个体参与者对于创新的作用尤其重要。

在工业社会的背景下，人们习惯性二元化地把社会分成两类：生产者和消费者。随着产业环境地变化以及用户作用的不断发现，领先用户开始在企业的管理控制下逐渐参与到生产和研发过程的某些特定的环节中，成为合作者。希普尔教授（Hippel, 1996）[100] 在《民主化创新》中指出民主化创新是指生产者不再努力从消费者那里获取需求信息，转为向消费者提供工具，让消费者根据自身的需求，设计和研发相关的产品或服务，生产者则只负责最后的制造过程。这种创新方式一方面给予了消费者足够的创新空间，由被动的消费者转变为了生产者，激发了消费者对产品的满意度和忠诚度；另一方面产品或服务的试错成本全部由消费者承担，降低了生产者的研发成本。民主化创新的根本目的是通过创新产品或服务，使社会公众的需求得到更好的满足。

众包创新模式属于创新民主化的一种形式，众包创新为用户参与企业创新过程提供了一种交互平台，使大规模的用户可以通过互联网轻松地加入企业的价值创造过程。创新需求企业借助互联网以较低的成本将分散在全球各地的、闲置智力资源集中起来，形成群体智慧，共同为企业服务。

2.2.4 价值共创

近年来，随着消费者地位的提升，消费者主动参与企业价值创造的积极性凸显出来，共同生产（Coproduction）、共同创造（Cocreation）等新兴理论逐渐出现并得到蓬勃发展。基于消费者和企业共同创造商业价值的价值共创（Value Cocreation）的概念也由普拉哈拉德等（Prahalad 等，2000）[85] 首先提出。价值共创理论强调多个利益相关者共同创造价值[85],[103]。它阐释了企业应在关注用户消费体验的同时，以个体为中心、采用互动方式共同创造价值[85]。价值共创理论专注于发掘用户在商业活动中的中心地位，积极引导用户参与产品或服务的设计、开发及生产的一系列过程，并与企业或其他利益相关者进行互动，以实现用户和企业共同创造价值。

传统观点认为，企业是唯一的价值创造者，而用户只是纯粹的价值消费者。但是，随着社会环境和新兴技术的改变，在实践中可以发现，用户不仅能够在生活实践中独创价值，还可以通过有效渠道参与企业的价值创造活动中，如参与产品和服务的设计、产品的生产以及营销或服务活动等，可以与企业共同创造价值。尤其随着平台经济的兴起，更加强化了价值共创的现实实践。此外，随着外部环境的动态变化和新技术的发展，企业的外部资源日益开放，企业经营的视角发生了改变，不再单纯地追求自身价值的最大化，而是从整个生态系统的角度出发，追求共同价值的最大化。在这种时代背景下，价值共创理论促使企业改变原有的生存理念，实现跨界颠覆和获取持续竞争优势[104]。

从价值共创理论可知，用户参与价值共创的过程可以给企业带来知识、产品创意、创新思想和创新解决方案等，使企业能够充分利用外部资源和外部用户知识，降低产品和服务的开发成本，提升竞争力。同时，用户通过向企业提供知识、技术等智力资本，也可以获得相应报酬或收益。也就是说，价值共创属于企业与用户共同参与的互惠运作模式。价值共创模式的主要特点有以下四个。

（1）价值共创的主体一般由两个或多个主体共同参与。价值共创的参与者可以是用户、供应商，也可以是合作伙伴、竞争者等其他利益相关者。企业可以通过构建生态系统，实现价值的协同创造。

（2）利益相关者的互动是价值共创的主要活动。价值共创需要大量的参与者，这些参与者通过平台进行互动，进而实现价值共创。有效的互动机制是实现价值共创的关键。也可以说，价值共创是价值创造的主体通过有效互动，实现服务交换、知识的共享和资源的整合，进而共同创造价值。

（3）知识、资源、技术等是价值共创的基础。从价值共创的过程来看，价值创造的多主体参与者，无论是用户，还是供应商等，都需要通过有效的信息交流，实现知识共享和资源互用。此外，学者普遍认为用户能力在共创价值过程中发挥着越来越重要的作用[105]。一般来说，用户能力是指用户所拥有的知识、技能、学习意愿以及参与对话的能力。用户能力的充分整合和利用是用户参与价值共创的基础，也是提升价值共创绩效的关键。

（4）多赢是价值共创的最终目的。价值共创实质上是企业通过平台与众多参与者开展互动，并整合资源和相关知识，最终实现共赢的过程。企业通过价值共创实现产品和服务的创新、运营成本的降低和创新方案的获取，参与用户通过价值共创获取相应报酬，或诸如关系价值、学习价值等收益。

可以看出，价值共创理论认为价值创造主体之间的合作都可能促成价值。从这个视角来说，众包创新属于价值共创模式的一种特殊形式。众包创新打破了传统企业封闭式创新的边界，也重新界定了参与价值共创的相关主体，通过基于平台发布创新需求，然后设计机制来吸引全社会的创新资源向平台集聚，最终实现创新任务的解决。因此，众包创新可以看成是多主体参与不确定、创新资源来源更广泛、价值共创实现目的更明确的一种价值共创模式。

2.3　知识获取相关理论

2.3.1　知识的一般类型

早在 1993 年，彼得·德鲁克在其著作《后资本主义社会》（*Post - capitalist Society*）中指出，未来的社会将是知识社会，知识将成为最重要的经济资源[106]。知识基础观认为企业核心竞争力的来源在于其所掌握和拥有的知识[107]。由此可见，知识对于企业生存和发展至关重要，是企业最大的财富，目前在学术界对"知识"概念的定义具有代表性的观点有以下几种。

西方哲学将知识定义为真理、信念以及确证[108]。

从知识与信息的关系以及知识的作用来讲，知识可以被看作信息的更高层次，是经过分析整理后可被理解的信息，可用于问题解决和决策支持[109~111]。

从知识内容的角度来讲，知识可被看作包含诸如经验、价值观、专家见识、洞察力、方法与专业技术等要素的集合体[112~114]。

本研究所探讨的是与企业活动相关的知识，认为知识是存在于社会大众、组织、联盟等各级主体上的，对企业经营各个环节具有改善和提升作用，能够解决问题和支持决策的概念观点、经验制度以及技术方法的集合体。

基于不同的分类标准，知识可以分为多种类型：根据知识的可表达及可转移程度，知识可以分为显性知识和隐性知识[115]。显性知识是指那些能够通过文件报告、书面陈述等方式记录下来并明确表达的结构化的、外在化的知识；而隐性知识是指那些存在于人们思想和行为中的难以用语言表达的经验、技能和诀窍，是未被记录的内在化的知识。从本体论即知识主体的角度来说，知识可以分为个体知识和组织知识[116]。个体知识是指存在于个体头脑中的观点、见识和技能。从属于个人并随个人的移动而流动。组织知识是指组织从长期的实践过程中总结出的规律、准则、程序和惯例的集合，依附于组织中的个体成员，并随着个体与组织的交互在组织内各成员之间以及组织之间流动传播。

经济合作与发展组织（OECD）在其 1996 年的专题报告《知识经济》（*The Knowledge - base Economy*）中，从知识经济学角度将知识分为如下四类：

①知道是什么（Know - What），也可以称之为事实知识；

②知道为什么（Know - Why），也可称之为原理知识；

③知道怎样做（Know - How），也可以称之为技能知识；

④知道谁拥有知识（Know - Who），也可以称之为人力知识[117]。

其中前两种是容易编码的知识，即上文所说的显性知识，可以被记录并通过文献资料、对话交流等方式传播。后两种是存在于人们思想或行为当中的不易编码的知识，即上文所说的隐性知识，只能通过共享经历、观察模仿等方式学习而得。

由于本研究所涉及的知识是关于社会大众参与企业创新活动的相关知识，因此要在社会大众和企业两个情境下对知识进行分类。按照大众知识的可编码程度可以分为显性知识和隐性知识。按照知识的存储地点可以分为企业内部知识和企业外部知识。按照拥有知识的主体可以分为个人知识和组织知识。

2.3.2　知识获取的一般过程

知识的获取是一个序贯过程，企业从外部环境中寻求各种对企业有用的价值知识，通过对所发现的知识进行价值评估和辨析，然后有选择地接受某些特定知识，并结合企业原有知识进行创新[118]。从知识转移的视角出发，知识获取是通过对外部知识源的识别，借助各种获取途径和方法，按照预先设定的知识需求匹配结果，最终获取目标知识并加以利用的一种螺旋式上升的过程。因此，知识获取过程具有动态性，一般来说，通过需求产生、需求表达、来源识别与需求匹配、采集筛选、表达存储、共享利用连续过程后，所获取的知识在企业内部进行传递、共享及应用，从而引发新的知识获取活动的产生，如图 2 - 1 所示。

需求产生、需求表达、来源识别与需求匹配的过程，将知识获取者与外部知识提供者通过具体的知识需求相互连接起来。知识需求是知识需求者为满足企业内部运作而对所需知识的描述[119]，这些所需知识类型的描述，将对知识获取的效率和效果产生重要影响。若要快速有效地获取需要的知识，需求者需要清晰地阐明所需知识的用途、属性及类型等内容，帮助知识提供方明确与需求知识的匹配程度。然而，在实践中，有时企业内部的知识需求是

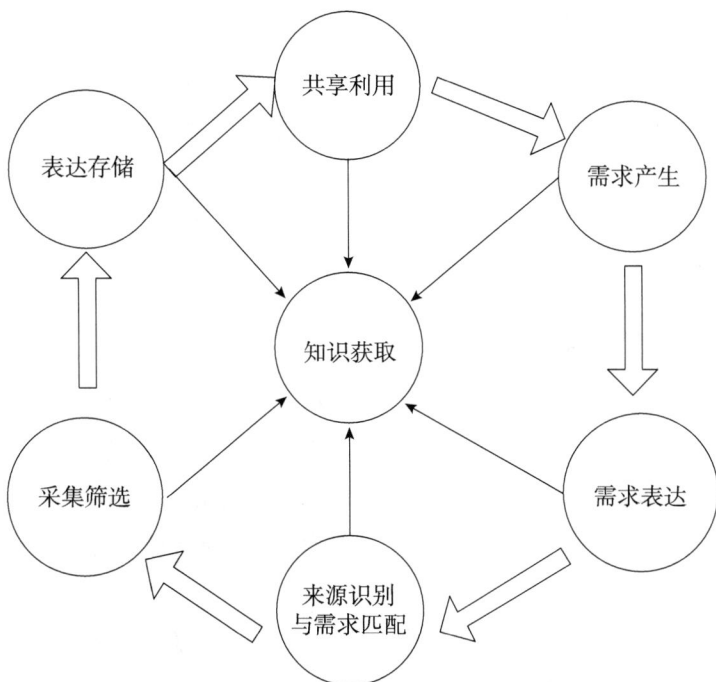

图 2 - 1　知识获取的一般过程

基于特定情景而产生的，难以进行明确的阐述。针对不同的任务情景，知识需求者不仅要考虑企业原有的知识结构和先验知识，其所需要的外部知识也不同；而且伴随着任务情景的动态变化，知识的需求也会动态改变。因此，知识需求的产生、描述和匹配过程是一个复杂过程，需要系统化理论和方法来支撑。

企业外部环境中存在多种知识源，这些知识源可能是企业的顾客、供应商、合作伙伴、竞争者或对企业产品或服务感兴趣的社会大众，也可能是互联网、社交媒体及信息平台内的相关内容。考虑到知识的强黏性、动态性等特征，知识源的识别至关重要。从多视角、多维度构建知识源识别体系，有助于提升知识获取绩效。

采集筛选的目的是获取与企业需求匹配的相关知识。需要根据自身的知识惯域、自身吸收能力以及获取知识的技术等因素，对相关知识进行评价和筛选，进而获取有效的高价值知识。

通过采集筛选和获取后，知识需求者需要对外部获取的知识进行存储并整合到现有的知识结构中。考虑到获取的知识既包括显性知识，又包括隐性知识，对于那些易于编码的显性知识，如信息、数据、公式等，可以采用适当的形式存储在知识库中，而对于那些在合作和交流过程中潜移默化获取的隐性知识，如经验、隐性技术、文化等，考虑到这些知识具有高度个人化、难以规范化的特点，可以采用在组织内部进行分享，通过社会化、外化、组合化和内在化等过程[120]，实现隐性知识的显性化。通过这种循环转化，形成了一个螺旋形上升的知识创新过程。

2.3.3 知识获取的模式与方法

从外部知识的来源上分，知识获取的模式可以分为内部模式、外部模式和准外部模式三类[121]。内部模式包括人才招聘、培训、人力资本和研发；外部模式包括市场购买、技术扫描、技术援助等；准外部模式，是指通过企业间合作的方式进行知识的获取，兼具内部模式和外部模式，如产学研合作模式等。

从知识属性的角度分，知识获取模式可以分为隐性知识获取模式和显性知识获取模式。隐性知识获取模式通常有人际子模式、场子模式、螺旋迭代子模式。李景峰和刘宗凯（2010）[122]认为各种情景、媒介等"场"，是企业知识网络拓扑结构的交换中心，场中的各知识主体互为服务器与客户机，每个知识主体都可成为知识的提供者和获取者。显性获取模式通过采用知识工程等显性化手段，利用信息技术，从外部知识源中智能识别和筛选所需要的显性化知识。

从知识获取的动力机制上可以分为"推动式"和"拉动式"两种知识获取模式。假如知识获取方在信息技术等方面占有绝对的优势，知识提供方为了获得竞争优势，则会主动地分享企业内部的知识，即外部知识"推动式"获取。相反，若知识获取方作为技术守门员的角色出现，有目的和有选择地与某些知识提供方建立合作关系，从而实现对外部知识的"拉动式"获取。

可见，知识获取模式多种多样，不仅依赖于具体的企业情景，还依赖于知识本身的内容、特性、类型和来源等因素。此外，依靠单一的知识获取模式难以全面获取需求的外部知识，只有通过综合多种知识获取模式才能实现有效的知识获取。

针对知识获取的一般方法，通过对现有文献的梳理发现，学者们普遍从知识类型角度出发，将知识获取的方法分为隐性知识获取方法和显性知识获取方法。显性知识获取方法将获取的外部知识通过文字、数字、公式等形式，进行明确地表示和存储；隐性知识获取方法，针对隐性知识内容难以被明确表达的特征，强调知识获取依赖于人与人之间的亲密交流，同时，在企业内部还要实现社会化、外化、组合化和内在化等隐性知识显性化过程。一般的知识获取方法如表 2－2 所示。

表 2－2   一般的知识获取方法

知识获取方法	具体内容
传统社会网络方法（隐性获取）	借助人际关系（包括正式或非正式网络）获取技能、信息、创意等对组织产生价值的隐性知识，具体方式如座谈会、师徒传承、团队讨论等
自动化技术方法（显性获取）	根据研究问题，利用某种信息技术手段或智能软件获取与问题相关的知识，并采用恰当的方式表达和储存起来
专家系统方法（显性获取）	将具体领域专家工作过程中积累的经验、方法、技能等知识，借助人工智能、知识发现等技术总结、归纳和提炼出来
第二代互联网（Web2.0）方法（显性＋隐性获取）	借助第二代互联网（Web2.0）技术，将组织内外部的相关知识资源进行整合，提升对用户需求的快速响应
本体方法（显性＋隐性获取）	通过相关技术手段获取某领域的共有知识以及公众对该知识的共同理解，进而完成对领域知识的深入推理
现代社会网络方法（显性＋隐性获取）	互联网技术的发展促进了各种虚拟网络社区的产生，借助现代社会网络方法，对各种社交媒体（微博、博客、微信）和网络用户产生的集体智慧进行获取和利用

2.4   本章小结

本章主要阐述了众包创新的相关理论。众包创新作为一种新型创新模式，与开放式创新、用户创新、民主化创新和价值共创理念一脉相承。通过分析上述理论之间的联系和区别，有助于理解和把握众包创新的内涵和本质。知识类型复杂多样，知识获取的模式和方法各异，通过对知识获取的相关理论概述，有助于明确众包创新模式下的知识特征和获取策略。

3 众包创新模式的内涵、运行过程及本质

本章从众包创新模式的内涵出发，根据大众参与众包活动的"协同程度"对众包创新模式进行分类，并阐述其典型特征。从双边视角分析众包创新模式的运行过程，提出并论证众包创新模式的本质。

3.1 众包创新模式的内涵

豪（Howe，2006）[1]在《连线》上首次提出众包的概念，并认为众包是将传统习惯上分派给指定对象（常常是雇员）的工作任务，现在通过网络外包给众多的、不确定参与者的做法（如将产品研发、设计及诸多关键技术委托给外部大众，让大众群体提出创意并解决相关问题）。随后，布拉汉姆（Brabham，2008）[17]描述了众包的过程：企业在线发布问题—大众群体（专业或非专业）提供解决方案—赢者获取报酬，且其知识成果归企业所有，认为众包是一种在线、分布式问题解决模式和生产模式。杰普森等（Jeppesen等，2006）[16]认为众包是指将传统企业内部完成的任务通过公开招标的形式，转交给非特定的外部网络群体完成，参与个体分别提交方案后，发包方择优选择并对中标者给予奖励的问题解决模式。奥弗尔等（Afuah等，2012）[18]认为众包是以借助企业外部网络群体智力资源为导向，为企业问题解决和外部资源利用提供新模式。

可见，众包作为一种新型商业模式，已经得到学术界和实践界的广泛关注。豪（Howe，2009）[42]认为在启动一项众包的提议之前，要根据企业的最终目标来选择众包模式，并提出众包存在四种类型：集体智慧（大众智慧）、大众创造（用户生成）、大众投票和大众集资，如表3-1所示。

表 3-1 众包模式的四种基本类型[42]

比较	集体智慧（大众智慧）	大众创造（用户生成）	大众投票	大众集资
内涵	企业运用外部集体智慧解决企业内部运营过程中遇到的难题，利用具有多样化专业知识的群体为企业提供创新服务	企业将传统的由内部员工完成的任务外包给网络社区用户，让用户参与产品或服务的设计，以满足用户需求。大众用户不仅充当消费者，也向协作生产者转变	利用大众的识别能力对大量网上数据信息进行过滤，完成对产品或服务的评价	企业或者个人通过众包的形式完成资金筹集，使大众成为资金的来源
实现形式	自建社区或第三方平台	自建虚拟社区	自建虚拟社区	第三方平台
典型代表	创新中心（Inno-Centive）	无线T恤社区（Thread-less）	亚马逊土耳其机器人（Mechanical Turk）	成交网（Kiva.com）

此外，其他学者也对众包模式的分类进行了深入讨论：倪楠（2009）[43]分析了众包对企业人力资源管理的影响，认为"众包"按照参与者对任务是否拥有排他性权力将众包分为非排他性众包和排他性众包。伯格等（Burger等，2010）[44]认为，目前网络众包主要可以分成三种模式：面向日常工作的众包、面向信息内容的众包和面向创新的众包。李等（Le等，2011）[45]则进一步将面向创新的众包模式分为基于竞争的众包创新和基于合作的众包创新。朱雅杰（2011）[46]则提出众包是一种商业模式，较为成熟的众包商业模式包括维基模式和价值链模式。朗宇洁（2012）[123]认为我国目前的众包商业模式可以划分为垂直性专业细分服务模式、综合性现金悬赏模式、多媒体信息交流有偿服务模式以及知识出售模式。

可见，从众包模式分类角度出发，众包创新是一种面向创新任务解决的典型众包模式。如前所述，众包创新与开放式创新、用户创新和创新民主化等理论一脉相承，是企业充分利用外部网络资源实现创新的解决方式。帕尔韦塔等（Parvanta等，2013）[124]描述众包创新为利用全球的知识、能量和创造力，解决创新问题的一种方法。马丁内斯（Martinez，2015）[52]指出众包的概念建立在大众比少数精英更聪明一些的基础之上。通过整合具有不同领域专业知识、技能和经验的大众智慧，更加有利于促进创造力与创新绩效的提升。

综上，作为一种新型创新模式，众包创新是指企业把传统由内部员工执行的创新任务，以自由自愿的形式转交给外部网络用户（大众）来完成的商业模式。根据用户参与方式不同，众包创新模式可分为众包竞赛和协作式众包两种模式。

（1）众包竞赛，是众包创新模式中最直接的一种形式。指任务发布方在自建虚拟社区或第三方网络平台发布创新任务，多个参与用户以竞争方式独立解决创新任务，最终的获胜者得到相应奖励[18]；众包竞赛以威客模式为主，典型案例有创新中心（Inno Centive）、亚马逊土耳其机器人（Mechanical Turk）、猪八戒网、任务中国等。它们通过搭建任务接包方与任务发布方之间的在线交易平台，根据发布方的需求差异，提供多样化的众包创新服务[125]。费林等（Felin 等，2014）[126]提出企业以创新竞赛的形式发布任务，可获得广泛的用户参与，创新任务因此被更高效地解决。

（2）协作式众包，由多个任务接包方以协同合作的方式完成创新任务，典型的协作式众包有维基百科和操作系统（Linux）开源社区等。

根据研究视角的不同，又可以将众包创新模式划分为其他多种不同类型。申克等（Schenk 等，2011）[6]提出，可将众包创新模式分为整合型众包创新模式和选择型众包创新模式两大类。整合型众包主要依靠外部大众收集大量的数据和信息，完成众包创新任务，适用于简单创新任务的众包，如维基百科（Wikipedia）、开放式街道地图（Open Street Map）等；选择型众包的对象为复杂创新任务，通常以众包竞赛的形式开展，奖励机制一般为"赢者通吃"模式，如科研众包创新平台创新中心（InnoCentive）等。此外，弗雷等（Frey 等，2011）[7]则将众包创新分为基于企业自建网络社区和基于第三方平台的众包创新模式，前者如戴尔公司的创意风暴社区（IdeaStorm Community）、全球创新池（Global Innovation Jams），后者包括亚马逊的土耳其机器人（Mechanical Turk）和猪八戒网等。

基于上述成果，按照大众参与众包创新活动的"协同程度"，众包创新模式可划分为选择型、整合型、融合型三种类型，具体内容如表 3-2 所示。

表 3 – 2 众包创新模式的类型

比较 ＼ 类型	选择型众包创新	整合型众包创新	融合型众包创新
概念	将企业研发所面临的难题外包给社会大众，并将社会大众的优秀创意商业化	将企业要进行核心创新任务进行分解，外包给外部创新单元（可以是动态的，也可以是固定的），形成创新群落，共同发展	众多个体网络用户以第三方互联网平台为载体形成具有一定动态性、组织相对松散的创新联盟来共同完成创新任务
特点	创新任务不局限于企业内部团队，创新方案的获取不受时空限制，参与用户为企业提供的知识服务多样化	形成的创新群落中，可能有多个创新单元参与；企业需要将复杂创新任务进行科学分解，并能对获取的创新方案进行吸收和整合	在创新联盟中，网络用户互动交流，技术、知识、资源实现共享，共同探索创新方案；参与者之间相互学习、相互促进，不断提高自身创新能力，以此提升创新质量与效率
协同程度	低	高	最高
一般实现形式	第三方平台或自建网络社区	自建网络社区	第三方平台
典型代表	创新中心（Inno Centive）	戴尔创意风暴社区（IdeaStorm Community）	维基百科开源社区

3.2 众包创新模式的特征

作为开源软件的群体参与和外包两种商业模式的结合，众包创新模式具有以上两者的典型特征，也存在着诸多不同之处。主要体现在如下几个方面。

（1）管理方式上，不同于外包将任务转交给外部特定群体的契约制，众包创新模式更多吸引外部大众的参与，通过适当的激励机制与惩戒机制，使他们参与到创新任务中来，采取自愿而非合同形式。

（2）参与方式上，由于外包采用合同契约规范外部群体的行为义务，本质上属于雇佣关系，强制要求参与者完成规定的任务。而用户参与众包创新的动机复杂多样，一部分出于金钱奖励等外部动机，也有很大一部分因兴趣和享乐主义等内部动机而参与，并且因参与者大多利用业余时间参与众包创新并且缺乏契约规范。因此，存在着用户中途加入或退出等现象。

（3）流程管理上，外包活动中企业先进行招标，而后由外包群体完成任务。而对于众包创新来说，接包方往往需要首先完成创新任务，其次任务发包企业对提交的任务方案进行选择。

（4）任务类型上，外包和开源软件多适用于单一的任务，使用范围狭窄；而众包创新可解决的任务复杂多样，从简单的标识（LOGO）设计到复杂的科研众包，可帮助企业解决研发过程中遇到的创新难题，适用范围较广。

结合众包创新的内涵和管理实践的总结，认为众包创新模式具有如下典型特征。

（1）组织模式自由开放。如前所述，根据众包创新发起主体的不同，一般可分为基于企业自建网络社区和基于第三方平台的众包创新模式。而按照用户参与众包活动的"协同程度"，又可分为选择型、整合型、融合型三种众包创新模式。在以上各种组织形式的众包创新模式中，用户基于自身的专业化知识和兴趣，利用业余时间参与完成创新任务。而当缺乏感兴趣的任务或没有空闲时间时，用户可以暂时退出虚拟社区或网络平台，一旦存在满足需求的相关任务时，用户又可回归平台。即使在任务进行过程中，用户也可根据自身情况自由选择参与或退出。因此，相较于外包等商业模式，众包创新模式的组织较为分散，参与者自由自愿。

（2）创新任务复杂多样。根据特尔维斯和徐（Terwiesch 和 Xu，2008）[12]的相关研究，众包创新的任务一般可分为创意类、实验类及专业知识类等类型。不同于简单任务的众包，众包创新强调外部知识的有效利用，需要均衡协调内外部资源，以多种方式为创新任务的解决提供服务。因此，众包创新的任务范围较广，如从简单的包装创新设计到软件开发，再到复杂的药品研发和企业复杂产品的创新等，所涉及的创新难题，从某种意义上来说，都可以通过众包创新的方式尝试解决。

（3）参与者不确定性强，难以控制。由于众包创新模式组织分散，对参与用户无限制约束，因此，用户参与众包创新的时间、努力水平及方案质量等均存在较强的不确定性。并且由于用户自由自愿参与众包创新，随时可能加入或退出，参与过程难以控制，参与程度动态变化，参与质量参差不齐。

3.3 众包创新的一般运行过程

结合众包创新的流程，一般认为众包创新的参与主体有：任务发包方（任务发布者）、众包平台、任务接包方（用户）。惠特拉（Whitla，2009）[127]根据亚马逊土耳其机器人（Mechanical Turk）平台的特征，将众包创新的过程分为以下几个环节：①任务发包方在众包平台上发布任务及要求；②任务接包方在众包平台上解决问题并提交解决方案；③任务发包方向提交优秀方案的接包方支付相应的报酬。谭婷婷等（2011）[128]提出任务发布者、众包中介与问题解决者三者构成了众包创新的运作基础，认为众包创新的过程包含任务申请、初始化、任务执行与任务完成四个阶段；郎宇洁（2012）[123]认为众包创新模式是将任务需求发布与问题解决方案视为一种信息服务的过程，是一种对信息的探索、收集、整合与开发的过程；伊比鲁斯等（Ipeirotis 等，2014）[129]分析众包创新平台运作机理，指出众包创新的基本业务流程包括：首先，任务发包方发布创新任务在平台上，而任务接包方通过众包创新平台完成任务；其次，任务发包方对解决方案进行评价；最后任务发包方给与相应的报酬和奖励。

可见，众包创新运行过程的参与主体有任务发包方、众包平台和任务接包方。发包方即创新任务需求者，既可以是企业，也可以是个人；接包方为参与创新任务解决的大众用户；而众包创新平台既可以是企业自建虚拟社区，也可以是第三方网络平台。因此，众包创新的运行过程可描述为以下几个阶段。

（1）任务发布者依据其实际创新需求，设计与分配创新任务，并制定相关需求标准，包括任务描述、任务报酬、任务期限和任务自由度等。任务描述是指任务发布者对创新任务的要求，需要明确具体阐释；任务报酬是指任务发布者对于最终所选创新解决方案，给予解决者的相应奖励，需要明确且履行承诺；任务期限是指创新任务完成的具体时间要求；任务自由度是指接包方对创新任务的自主决策权利，对任务的自由理解与解答等。

（2）将创新任务发布于众包平台，并选择恰当的众包创新模式（包括悬赏型任务、招标型任务、常规任务等）。悬赏型任务是指将悬赏金预先支付给众包创新平台，待任务接包方提交解决方案后，筛选出最优方案，然后平台支付给方案提供者相应的承诺奖励；招标型任务是任务发包方在众包创新平台预先支付一定的定金，然后对报名参与的任务接包方进行审核与筛选，确定参与者，待参与者提交方案后择取最优方案，并发放承诺的奖励。招标型任务比悬赏型任务的要求更高，更适用于复杂的、时间周期较长的创新任务。

（3）任务接包方根据自身能力，在众包平台上筛选相匹配的创新任务，并按创新任务具体要求，提出解决方案并在众包平台上进行提交。

（4）任务发包方对解决创新任务的提交方案进行评估与选择，根据创新任务发布时的承诺，对最优方案的提供者给予奖励。

因此，众包创新的一般运行过程如图 3－1 所示。

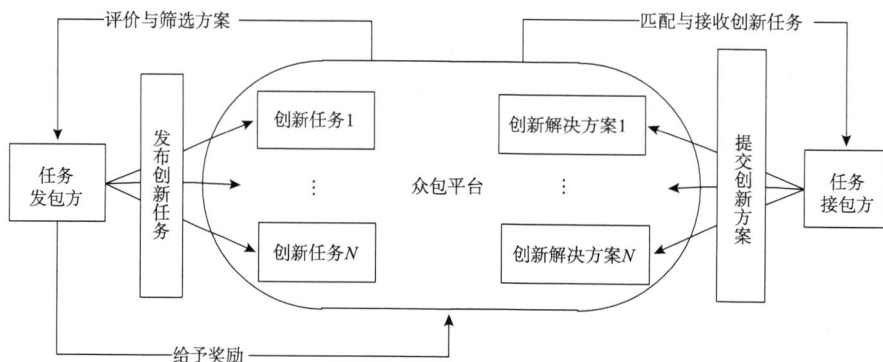

图 3－1　众包创新的一般运行过程

任务发包方与任务接包方之间通过众包创新平台紧密连接，完整的众包运行过程离不开这三个参与主体，三者相辅相成，任何一方的兴起都将带动其他两方的迅速增长。正如众包创新平台的良好运行必将吸引大量的大众用户积极参与，也会吸引大量的发包方的参与；任务发包方恰当的激励措施也将调动任务参与者的积极性，这也将推动众包平台的快速发展。三方互利共赢，实现价值共创。

3.4　众包创新的本质：外部知识的获取和利用

众包创新是企业通过把传统由内部员工执行的创新任务，以自由自愿的形式转交给外部网络用户（大众）来完成的商业模式。可以说，众包创新的本质是通过获取和利用外部相关知识，进而完成创新任务的一种商业模式。这是因为：

（1）从众包创新过程来看，知识转移贯穿于整个过程。从创新任务的发布来说，任务发布企业需要提供创新任务的相关知识，如任务类型、任务特征和任务具体要求，有时还需利用相关知识对复杂的创新任务进行分解并加以描述；对任务接包方（用户）来说，需要结合自身相关知识和能力，针对具体创新任务，提出解决方案，同时需要提交给发布方或众包平台；任务发布企业需要结合专家知识和自身对知识的吸收能力，评估、选择和整合所提交的解决方案，并对用户或平台进行反馈，从而形成一个闭环的知识转移和流动过程。有学者持同样观点：奥弗尔等（Afuah 等，2012）[18]认为众包以企业外部网络用户智力资源为导向，为企业利用外部知识和解决创新问题提供了新模式；奥利维拉等（Oliveira 等，2010）[130]将众包创新活动定义为智力资产创造的过程，一定程度上可视为问题解决者分享自身知识，任务发布企业获取并吸收用户知识的过程；孙等（Sun 等，2012）[9]将众包平台定义为一种自由开放的知识交易场所，知识搜寻者（企业）发布创新任务和奖励方案，知识贡献者（用户）则利用自身多样化和专业化的知识完成创新任务，以获得相应的奖励。帕尔韦塔等（Parvanta 等，2013）[124]描述众包创新为利用全球的知识、能量和创造力并解决创新问题的方法。许等（Heo 等，2015）[131]将众包创新作为一种新型知识获取方式，企业以构建知识网络和创建知识库的形式，充分利用组织外部不确定大众的智慧和知识，完成创新任务。

（2）良好的众包创新绩效得益于外部知识的获取和利用。存在大量文献从不同视角反映出上述观点：索罗维基（Surowiecki，2004）[53]通过案例研究，提出众包创新源于优秀的外部知识群体，他们通过虚拟平台来传播知识并能有效解决相关创新问题；马丁内斯（Martinez，2015）[52]指出众包是建立在大众比少数精英更聪明的认知上的，认为无论少数精英多么聪明，只要通过整合分布在不同领域、具有不同背景经历、拥有不同专业知识和技能的大众知识，获取群众智慧，就能创造出更具创新性和价值性的解决方案。

（3）外部知识源的多样化是导致众包创新模式成功的关键因素。外部知识源的暴露程度、外部知识的多少以及外部知识的水平，是影响众包创新绩效的关键因素。科济涅茨等（Kozinets 等，2008）[72]认为外部大众用户所拥有的多样化知识，对众包项目的成功至关重要。弗雷等（Frey 等，2011）[7]从用户视角，发现了外部用户知识多样性对众包创新绩效的重要作用关系；帕帕佐普洛卢等（Papadopoulou 等，2014）[132] 指出企业传统上以内部交流来保证知识的扩散和共享，而众包创新则通过获取外部分散的知识，通过与自身知识基结合，进而为寻求最优创新解决方案提供一种新途径。

可见，众包创新是企业充分获取和利用外部多样化的知识，通过知识选择、知识整合和与企业内部知识基的碰撞，进而产生更具价值性的创新想法和创新方案。通过外部知识的有效获取和充分利用可以提升整体众包创新绩效。所以，可以认为众包创新的本质为企业获取和整合外部知识实现创新的一种商业模式。

3.5　本章小结

本章从众包模式的内涵出发，提出作为面向创新任务解决的众包模式——众包创新，具有组织模式自由开放、创新任务复杂多样、参与者不确定性强和难以控制等典型特征；基于大众参与众包创新活动的"协同程度"，分析了众包创新的三种模式（选择型、整合型和融合型）的典型特征。从双边视角分析了众包创新的一般运行过程，提出了众包创新的本质为外部用户知识的有效获取和运用。

4 双边视角下众包创新的知识获取影响因素扎根研究

如第 3 章所述，众包创新作为一种有效获取和充分利用外部网络知识实现创新的新型商业模式，探索知识获取的关键影响因素及其对众包创新绩效的作用机制，对提高众包创新方案的质量至关重要。本章从当前众包创新实践出发，分析双边视角下众包创新过程存在的知识流。考虑到众包创新是一种新型创新模式，结合扎根理论质化研究方法的优势：作为一种重要归纳式研究方法，具有注重实践、考虑动态、强调比较研究的优点，提出运用扎根理论研究双边视角下众包创新的知识获取影响因素。从国内典型众包平台（猪八戒网、任务中国、一品威客、财富中国）进行理论抽样，通过分析开放式编码、主轴编码、选择性编码和理论饱和检验的具体实现过程，构建双边视角下众包创新知识获取的影响因素框架模型。

4.1 用户参与众包创新的知识流分析

4.1.1 用户参与众包创新的知识构成维度

由于众包创新模式的独特性和复杂性，要深入挖掘众包创新绩效的影响机理，有必要从知识管理视角探索众包创新模式中的知识类型及流动过程。借鉴吉贝特等（Gibbert 等，2002）[133] 的相关研究成果，通过分析众包创新的运行过程和具体实践，认为用户参与众包创新过程中存在四种类型的知识：关于用户的知识（Knowledges of Crowds）、用于用户的知识（Knowledges for Crowds）、来自用户的知识（Knowledges from Crowds）和与用户共同创造的知识（Knowledges Co-creation）。

1. 关于用户的知识（Knowledges of Crowds）

在众包创新中，关于用户的知识主要指参与用户个人基本信息、认证情况、历史交易记录和获得的交易评价等知识。个人的基本信息具体包括学习经历、工作经历、学历情况等。认证情况会反映用户的可靠性，通常包括手机、邮箱、身份认证等。认证程度越高，任务发布企业认为用户越值得信赖。历史交易记录和交易评价是衡量用户知识的重要依据。通过查看用户中标的历史任务，可以了解用户的专业技能水平和创新能力，进而判定用户的知识储备是否与自身的知识需求相关。关于用户的知识除了保密性的隐私信息外都可以进行查找，一般可以从企业或平台的交易数据库中获取。任务发布企业在获取关于用户的知识时需要重点关注以下三种知识。

（1）知识水平。知识水平主要是指知识型人才即用户自身所具有的专业技能知识与完成企业任务所需求的专业知识相吻合的程度，反映了完成任务的可能性。知识水平可以通过积分等级、中标率、入围率、任务收入等指标来衡量。

（2）服务能力水平。服务能力水平主要是指用户在参与完成众包创新任务过程中的服务态度和服务水平。服务能力水平可以通过综合评分、好评率、退款率等指标来衡量。

（3）信誉水平。信誉水平主要体现在用户的信用度和雇主评价上，比如历史任务记录上用户是否按时完成任务、保证原创及按照雇主的要求进行后期维护。

2. 用于用户的知识（Knowledges for Crowds）

用于用户的知识主要是指任务发布企业和众包平台提供给用户的相关信息，如企业发布的创新任务内容、创新任务具体要求、创新任务类型、奖励金额以及发布者的自身信息等；众包平台提供的各种服务条款、制定的交易规则等。该类知识通常是显性知识，是用户参与众包创新活动的必备知识。用于用户的知识越充足，用户越能理解任务发布者的创新需求，进而能够创造出更好的知识成果。

3. 来自用户的知识（Knowledges from Crowds）

来自用户的知识是指参与用户在众包创新过程中，主动提出的一些独特的、有价值的相关意见、建议策略，如解决创新方案的建议、平台治理的意见等。与主动参与的用户进行积极的沟通交流是获取此类知识的前提条件。

这类用户会起到领先用户（Leader Users）的作用。这一维度的用户知识最初是隐性的，被储存于用户自身中，在内外条件的激励下，用户希望利用自身知识创造更大价值，主动将隐性知识进行显性化。

此类知识具有专用性、动态性和独立性。通常用户拥有的知识从隐性变为显性往往具有特定的目的，一般是针对专门的任务或用于特定用途。用户在不断学习的过程中，其拥有的知识随着经验和能力的发展而提升。此外，用户通常是独立的个人，不以组织的形式出现，其知识往往是独立的而非集体的。来自用户的知识对于创新问题的高效解决或众包创新管理机制的改善往往更具创新价值。但是并非所有的该维度的知识都是企业所需要的，需要企业在获取这些知识时进行仔细筛选和甄别。

4. 与用户共同创造的知识 （Knowledges Co – creation）

与用户共同创造的知识主要是指参与用户和知识需求者相互沟通交流想法、相互学习及互提建议等，进而共同创造的新知识。该维度的知识具有互补性、互动性和综合性等特征。用户和企业作为不同的参与主体，双方知识呈现一定的互补性，为众包创新中的知识交流、分享和整合提供了基础，如在大多数情况下，用户提供的创新方案并不能被企业直接所应用，有时企业需要提出建议，用户则需进行多次修改和完善；当用户提供的知识过于专业时，企业对该专业性的知识不熟悉，用户则需进行解释说明。同时，该维度知识也存在互动性，用户与企业之间进行知识的分享交流能使双方都获得启发，从而为知识的拓展创新提供动力和机会。此类知识需要企业和用户双方不断进行思想理念的交流碰撞，开展线上和线下的多次学习，才能更有效地共创知识。

用户参与众包创新的知识构成维度，如表4－1所示。

表4－1　　　　　　　　用户参与众包创新的知识构成维度

维度	具体内容	特征	获取难易程度
关于用户的知识	参与用户个人基本信息、服务能力水平、信誉水平、历史交易记录等，具体如学习经历、工作经历、身份认证、中标率、好评率等	显性、客观性	容易

维度	具体内容	特征	获取难易程度
用于用户的知识	任务发布企业和众包平台提供的相关信息，如创新任务具体要求、创新任务类型、奖励金额、服务条款、交易规则等	显性、精确性	容易
来自用户的知识	参与用户主动提供的相关建议、意见和策略，如解决创新方案的建议、平台治理的意见等	隐性为主，显性化之后可获取，专用性、动态性、独立性	困难
与用户共同创造的知识	参与用户与需求企业在沟通交流想法、相互学习及互提建议后共同创造的新知识，如经过双方合作多次修改完善的创新方案等	隐性、互补性、互动性、综合性	困难

4.1.2　用户参与众包创新的知识流动过程

知识流动在创新活动中一般处于核心地位，可以通过提供互补性知识和整合相关知识影响创新[134]。如果知识失去了流动性，被静态地储存起来，不与外界进行交互，最终将会失去价值，而知识的交互则引起知识的流动，促进知识的增值[61]。众包创新模式下用户知识的流动过程，主要是在三个参与主体即用户、众包平台和需求企业之间进行循环流动。用户的范围比较广，包括专业人员、非专业人员、企业内部员工以及外部的自由人员等社会大众，他们的共同特征是对企业所发布的知识需求信息感兴趣[135]；需求企业是那些在研发过程中遇到创新难题，而企业内部知识资源难以满足，需要从企业外部获取知识资源进行创新的企业；众包平台是促进知识需求企业与用户知识匹配的网络平台。如前文所述，可以分为企业内部虚拟社区平台和第三方众包网络平台，企业内部虚拟社区平台是企业自身建立的服务平台，专门为企业自身提供众包服务，如戴尔（Dell）公司的创意风暴社区（IdeaStorm Community）、亚马逊（Amazon）公司的土耳其机器人（Mechanical Turk）、星巴克的我的星巴克创意社区（www. mystarbucksidea. com）等；而第三方网络平台是专门的众包服务平台，为创新需求者和知识拥有者搭建起信息共享和知识交易平台，如创新中心（InnoCentive）、猪八戒网和任务中国等平台。

　　整个众包创新中的知识流动过程可描述如下。首先，企业在众包平台上发布创新需求，众包平台将企业的知识需求传递给大众用户，实现企业知识向用户方向的转移（用于用户的知识）；需求发布后，吸引了众多感兴趣的用户参与，需求者可以获取这些参与用户的相关知识（关于用户的知识），完成对参与用户的初步筛选。其次，参与用户基于自身的知识储备（关于用户的知识）和任务要求进行知识创造，并在规定的时间内提交创新成果；同时提出对具体创新问题的解决建议和对众包平台的运作意见等（来自用户的知识），实现用户向企业转移定制化、个性化的知识。在众包过程中，需求企业会不断地与用户进行知识和信息的沟通交流，引导用户创造出更加满足创新需求的知识（共同创造的知识）。最后，众包平台将大众创造的知识转移给企业，实现知识从外部用户向需求企业的流动，企业则完成对外部知识的获取。企业从外部获取新知识后，将结合内部知识进行内外知识整合和消化吸收。在消化吸收外部知识过程中又会产生企业内部无法解决的创新问题，从而形成对外部用户知识的新需求。企业将新的知识需求发布到众包平台上，然后大众创造新知识，平台转移新知识，企业从平台获取新知识，这样就形成了知识在参与主体间的持续流动，如此往复。众包创新中的知识流动过程如图 4-1 所示。

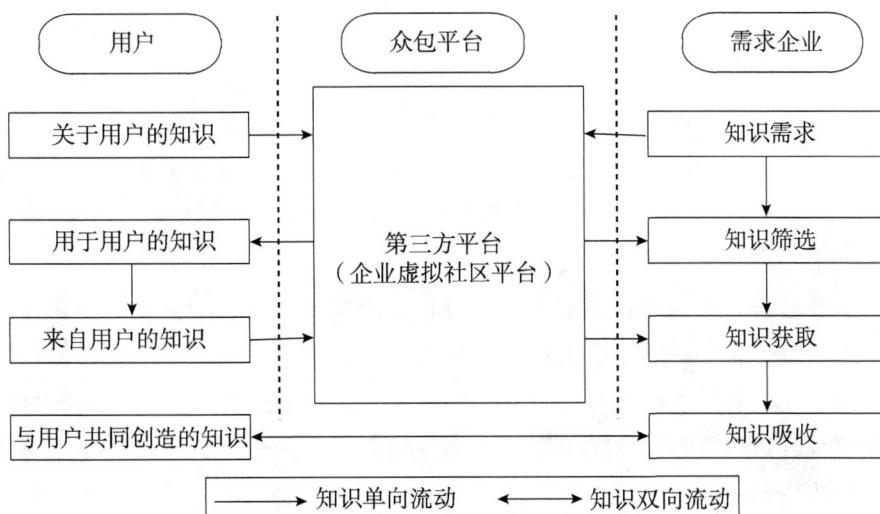

图 4-1　众包创新中的知识流动过程

4.2 研究设计

4.2.1 研究方法

目前，学术界对众包创新模式下知识获取影响因素的研究相对缺乏，可借鉴的相关研究成果较少，也无法根据现有理论进行量化实证研究。因此，质性研究方法——扎根理论可以作为最理想的研究方法之一。因为扎根理论可以从实践资料中挖掘知识获取相关影响因素，在不断比较中提炼出相关范畴进而上升为理论概念模型[136]。

扎根理论是质性研究方法的典型代表之一，最早由格拉斯（Glaser）和斯特劳斯（Strauss）于1967年在《扎根理论之发现：质化研究的策略》中率先提出。该理论随后得到了众多学者的关注并进行完善，最终发展成为一个成熟的结构性研究方法。扎根理论就是通过归纳整理的方法对收集来的有关研究对象的经验材料，进行概念挖掘、范畴提炼并最终发展的相关理论[137]。该方法强调要在事实资料的基础上去构建理论模型，同时要求分析过程与资料收集的持续互动。该研究方法比较适用于现有的理论体系难以解释新出现的实践现象，或者现存理论出现缺陷等相关领域[138]。

不同于实证研究，扎根理论强调自下而上的研究思想，研究者不预设某种理论架构，而是基于研究问题去实际调研，收集资料，从资料中去提炼概念、形成范畴并最终发展相关理论，具有整套的科学研究规范[139]。实证研究遵循自上而下构建理论的思想，研究者在已有的理论基础上事先提出自己的理论假设，根据提出的假设，研究者定义相关变量，通过收集相关数据验证提出的理论假设。实证研究往往需要进行明确的度量与计算来揭示客观规律，对于动态复杂现象问题的研究比较困难。

扎根理论方法虽然强调案例资料分析，但同时也关注理论概括和文献演绎。扎根理论将资料的分析过程称为编码，所谓编码就是对资料进行梳理分类、概念化，然后基于相互之间关系进行重新组合的过程[140]。整个编码过程一般分为开放式编码、主轴编码和选择性编码三个阶段。开放式编码是指通过对文本资料的仔细掂酌发掘关键词或对文本进行概括并分类的工作。编码过程中首先对前期收集的资料进行概念概括和范畴提炼，实现对资料内容的准确反映，然后将概括出来的概念"打破""揉碎"进行重新整合。通过反复斟酌、比较异同和对资料反映出的现象进行追问，开放式编码将收集来的众多无序资料分类归档为一个个的单元。主轴编码是指在开放式编码结果的基础上，发现并构建各主要范畴之间的关系。选择性编码是指从主范畴中挑选出处于核心地位的范畴，使其能够与其他的范畴联系起来，并逐渐提高抽象层次，然后构建出完备的理论模型。在分析过程中若发现已收集的资料不完整，可以及时地补充新的资料，因此，资料的收集和资料分析呈紧密交织状态。

综上，扎根理论方法主要包括界定问题、文献讨论、资料收集和整理、开放、主轴和选择编码、建立初步理论等主要步骤。在构建出初步理论后，扎根理论方法需要收集新的资料，通过对新收集资料的整理、分析和编码，检验是否有新的概念和范畴出现，对理论模型进行饱和检验[141]。整个扎根理论流程如图 4 - 2 所示。

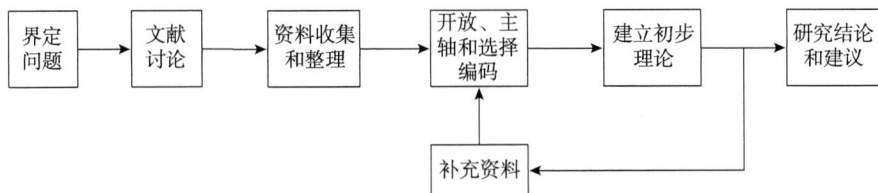

图 4 - 2　扎根理论流程[141]

运用扎根理论探究众包创新知识获取影响因素，可以对收集整理的资料同时进行定性和定量的分析，概括来讲就是将访谈资料转化成用数量表示的资料，并用数字来描述统计结果[142]。整个分析过程包括概念分析和关系分析。概念分析是对词频进行分析，偏重于定量分析；关系分析侧重于概念之间和上下文关系的研究，属于定性分析。基于定性研究法的量化分析可以从收集的资料中提炼出影响整个众包创新活动知识获取因素的编码类目，同时可以依据出现的频次进行重要性等级分类。

4.2.2　软件选取

采用扎根理论方法对访谈资料进行编码时，运用的是由澳洲公司（QSR）开发的质性分析软件（QSR Nvivo10.0），其运行的方法论基础就是扎根理论。该软件的最大特点是强大的编码功能，具有支持多类型的数据、处理能力强且逻辑清晰等优点，在遵循复杂操作过程的基础上，能够助力质性研究[143]。

该软件基于智能应用程序将定性分析提升到一个新层面，成为国内外学者采用扎根理论进行定性分析的最常用工具。

质性分析软件（QSR Nvivo10.0，以下简称为软件）的操作流程主要包括材料导入、材料处理、编码和进行分析四个步骤。进行分析是整个操作流程中复杂且重要的一个环节，具体包括创建项目、内容编码及节点创建、整理概念并发掘概念间的关系、构建概念模型和形成研究理论等操作。扎根理论中的开放性编码、主轴编码和选择性编码步骤，在软件中被映射成建立自由节点、树节点、案例、矩形、关系和模型等操作流程。软件作为信息发掘的辅助工具，使得对收集来的资料进行定性的编码分析变得简单方便，实现数据信息的可视化管理和呈现。

4.3　数据资料来源

国内众包创新模式往往采用悬赏模式，创新任务由多人竞争完成，创新需求者根据提交的方案或服务质量进行判别，然后对满足需求的参与者进行奖励。众包平台会根据大众用户的中标次数进行等级划分，中标次数越多，代表用户的能力越高，给予的等级越高，国内称为高级威客。本书选取了猪八戒网、时间财富、一品威客和任务中国四个综合性的众包服务平台作为资料收集来源平台。收集的资料来源主要是四个众包平台上的参与者分享的中标经验和相关访谈记录等二手数据。在猪八戒网上可以获取相关二手数据资料的来源有"威客故事""雇主故事""服务商访谈"和"八戒圈子"；一品威客可以获取的资料来源包括"贵宾（VIP）经验分享""成功雇主"和"优秀威客"；时间财富则提供了"威客明星访谈""威客日志"等相关栏目；任务中国则有"威客承接任务经验""威客访谈"和"雇主访谈"。资料收集来源汇总如表4-2所示。

表 4-2　　　　　　　　　　资料收集来源汇总

众包平台	资料来源
猪八戒网	威客故事、雇主故事、服务商访谈、八戒圈子
一品威客	贵宾（VIP）经验分享、成功雇主、优秀威客
时间财富	威客明星访谈、威客日志
任务中国	威客承接任务经验、威客访谈、雇主访谈

从上述栏目中获取的相关资料构成了扎根理论方法分析的研究对象。这些二手资料丰富且具有较高的客观性和真实性，能够充分满足研究过程对资料的需求。在收集资料的过程中，遵循如下几条原则：

（1）资料的来源对象是具有中标经验的参与用户和有任务发布经验的雇主；

（2）资料的来源尽可能包含各种类型的创新任务，以确保资料来源的全面性；

（3）收集资料是关于参与者和雇主在参与众包活动过程中的中标经验和过程体验；

（4）由于扎根理论方法需要对资料进行不断的概括、比较和分析，因此，需要不断地补充与研究主题相关的访谈资料，直到分析过程不再出现新的概念，达到概念饱和状态为止。

从 2014 年 12 月开始，从四个众包网站收集有关参与用户中标经验和雇主参与众包活动经历的访谈及其他的报道和文章，资料收集过程一直持续到 2016 年 1 月。最后，共收集访谈记录 46 份，并以文本的形式进行了保存。收集的研究资料涵盖了众包活动的任务发布者和参与用户，并且均为众包参与双方的参与经验总结，适合用于探究众包创新模式中知识获取的影响因素。

4.4　研究过程

本章将收集的文本资料导入软件中，对其进行粗略的编排和标识，然后开始逐段编码。逐段编码目的是将每一片段的内容简明扼要地概括出来。在逐段编码完成后发现很多初始编码具有相关性，都涉及相同的主题，将与同一主题相关的初始编码进行重新编码组合，构建出主轴编码。通过对开发出来的概念、范畴及主轴编码的系统分析，确定一个能够统领其他范畴的核心范畴，与其他范畴进行连接，补充尚未发展完备的范畴，最终获得完整的理论模型。

4.4.1　创建项目

使用软件进行扎根分析需要先创建项目，然后在项目里进行资料的导入和编码分析。本书创建的项目是"众包创新模式下知识获取影响因素"。资料来源包括外部资料、内部资料和备忘录等。外部资料是指不能导入软件的报纸文章、书籍及网页等；内部资料是包括现场记录、音频会谈记录、录像等与项目相关的原始数据。根据研究需求只需导入内部资料，即从四个众包平台上获取的有关众包活动参与经验的原始资料与数据。将部分访谈对象（包括参与者和任务发布者）的经验资料以文本的形式导入构建的项目中，同时通过备忘录的形式将笔者构建的资料分析思路导入项目中，导入界面如图4-3所示。

图4-3 资料导入软件的界面

4.4.2 开放式编码

开放式编码是对导入软件中的资料进行仔细研读，发掘出与研究主题相关的概念，并采用新的方式将概念进行整合的过程。该过程需要研究者对材料内容进行客观真实的呈现，摒弃自己的主观臆想，用一种开放的心态去挖掘概念及相应的概念属性和维度。整个编码过程需要对材料逐句逐段的编码，开始时可供编码范围比较宽泛，随着不断地编码，可编码的范围逐渐减少，最终达到编码饱和状态。

　　具体流程是对导入的资料进行逐句研读，并与研究主题进行比较，然后将与主题相关的句子进行编码，提炼出概念，整个编码过程需要一直持续到没有新的概念出现。该阶段的编码对应于导入软件的操作是构建自由节点。本章对"明细视图"中呈现的材料进行逐句的分析，每遇到一个相关语句，就建立一个自由节点，并对自由节点的名称进行命名即初始概念。在对自由节点进行命名时，尽量选用资料的原始语句，使得概念名称能够真实反映访谈对象要表达的本意。

　　由于资料内容较多，本章选取了部分材料展示概念化命名过程，如表4-3所示。在挖掘出初始概念后，通过前后比较以及删除或合并等操作，明确初始编码间的关系。

表4-3　　　　　　　　　　　资料编码过程中初始编码举例

访谈内容	概念化
是在和朋友聊天时，朋友推荐说有个挣钱的门路，让我也试试（a1），就这样开始浏览各威客网站，找些自己比较适合的任务完成（a2）	a1 参与众包动机 a2 知识匹配程度
工作这么多年，学会了各种本事（a3），希望在闲暇之余能够找些事做	a3 知识多样性
我参与众包的目的很简单就是希望通过参与活动获得些额外的收入（a4），因此，我比较注重奖金的大小和奖励方式（a5）	a4 参与众包动机 a5 激励机制
我一般会选择和雇主主动进行沟通（a6），因为网站上的任务要求描述得过于简单（a7），不能清楚地表达雇主的需求	a6 沟通机制 a7 任务描述
我认为我自身的性格（a8）对我的帮助特别大，也是能够使我一直坚持到现在的重要原因。在一开始参与众包任务时，努力做出的成果始终得不到雇主的满意，接连参与了5次都没有获得中标，后来慢慢积累经验，才有了今天的成绩。这期间心理压力非常大，看到自己的付出得不到回报，心里非常不舒服。但时间久了，自己也慢慢学会调整心态，每一次面对失败，自己都会保持一颗乐观的心，失败是成功之母。在开始新任务时，自己又将会去认真地对待，用自己最大的努力去完成（a9）	a8 参与者个人性格特质 a9 参与态度

续　表

访谈内容	概念化
一开始的时候中标很难，毕竟经验太少。但在一个竞争激烈的环境中，人其实很容易成长。意思就是，跟着一群高手学习，从最初的模仿到慢慢地有自己的设计风格（a8）。至于中标的诀窍，我个人的感觉，就是一定要理解客户的意图。我目前在任务中国是专攻页面设计的任务，每次在动手画之前，一定会先跟客户沟通他的喜好（a6）。比如，他偏好什么颜色，喜欢什么设计风格，中国风还是欧美风等。因为只有了解客户的偏好，才能更好地完成设计，帮助客户实现他们想要的页面	a8 知识吸收能力 a6 沟通机制
再急迫也不能乱来。你空有一身好本领，到头来让自己中不了标的其实就是那些细节。大家可以看看其他在任务中国中标多的设计师，哪个不是兢兢业业地完成雇主要求，却没半句怨言。有要嘴皮子的工夫，不如将心比心，看看自己到底做错了多少。在一两百甚至两三百个作品中脱颖而出的中标概率对每个竞标者而言本来是均等的，结果自己的言行给自己减了分——从第一个不当言论开始，你就已经失去中标的机会了（a8）	a8 参与者个人性格特质
虔诚沟通不是敷衍雇主，也不是讨好雇主，更不是欺骗雇主；而是以实事求是的态度，从与雇主的交流中得到他想要的东西，然后再根据自己的水平使其实现（a6、a10）	a6 沟通机制 a10 参与者信誉水平
接到任务以后，我们做了充分的前期调研和准备，基本上这个标志的大致轮廓就在我们头脑中形成了。那么在设计这个标志的时候，我们反复揣摩、反复讨论、反复设计，通过该标志的设计体会到创意设计的灵感来源于生活（a11）	a11 方案创新性

当编码到第 38 份访谈资料时，不再出现新的编码，停止对资料的编码。由于众包创新模式参与者都是基于特定情境阐述参与众包活动的经历，在编码过程中往往会出现偶然因素，为了确保研究结论的科学性，本章只保留了资料来源数大于等于 10 次的编码，将软件中得到的自由节点进行汇总得到本章的开放式编码，如表 4-4 所示。

表 4 –4 开放式编码汇总

主轴编码名称	开放式编码名称	资料来源数	参考点数
知识源特性	参与者个人性格特质	11	23
	参与众包动机	19	30
	参与者信誉水平	19	41
	知识多样性	25	61
	方案创新性	21	43
	参与者竞争能力	10	16
知识获取情境	知识匹配程度	15	25
	沟通机制	24	54
	参与双方的交易模式	12	24
	平台服务水平	18	30
任务属性	任务难度	13	29
	任务期限	16	33
	任务价格	15	32
	任务描述	19	36
知识需求者特性	知识吸收能力	15	30
	内部知识特性	17	38
	创新任务价值	13	31
	激励机制	21	49

4.4.3 主轴编码

主轴编码是对开放式编码中获得的概念或范畴进行关联性分析，找出共同属性进行归类。该阶段的目的是通过建立主轴编码，将开放式编码阶段形成的概念或范畴通过某种关系连接起来，以进一步解释研究现象。在建立主轴编码过程中，按照如下思路进行：选择一个概念或范畴，然后围绕该概念或范畴展开分析，寻找与其他概念或范畴间的关联性，最后发掘出共同属性，形成主题并进行命名。

主轴编码在导入软件中对应的操作是在自由节点基础上构建树节点，并探寻树节点间的相互关系。具体操作是对自由节点进行反复的比较分析，对具有相似属性或共同属性的自由节点进行编码聚类，并提炼核心特征，构建树节点。将那些具有隶属关系的自由节点分别添加到对应的"父节点"中。采用自下而上的分类方法，把具有共同属性或特征的自由节点归为一类，最终将第 4.4.2 节获得的 18 个开放式编码归类成任务属性、知识获取情境、知识需求者特性、知识源特性四个主轴编码，树节点之间的关系如图 4-4 所示。

节点			
名称	材料来源	参考点	创建人
任务属性	35	130	IKER
任务价格	15	32	IKER
任务描述	19	36	IKER
任务难度	13	29	IKER
任务期限	16	33	IKER
知识获取情境	29	133	IKER
参与双方的交易模式	12	24	IKER
沟通机制	24	54	IKER
平台服务水平	18	30	IKER
知识匹配程度	15	25	IKER
知识需求者特性	31	148	IKER
创新任务价值	13	31	IKER
激励机制	21	49	IKER
内部知识特性	17	38	IKER
知识吸收能力	15	30	IKER
知识源特性	37	214	IKER
参与者个人性格特质	11	23	IKER
参与者竞争能力	10	16	IKER
参与者信誉水平	19	41	IKER
参与众包动机	19	30	IKER
方案创新性	21	43	IKER
知识多样性	25	61	IKER

图 4-4　树节点之间的关系

4.4.4　选择性编码

选择性编码主要是对所发现的概念型范畴进行综合分析，采用归纳和总结的方法概括出核心范畴，该类范畴必须具备统领性，能够与其他范畴进行连接，形成完整的概念模型。核心范畴反映的是研究问题中最重要的研究现象，通过对已发掘的概念范畴的不断比较和理论概括，进一步提升概念的抽象层次，该抽象概念能够在比较广的理论范围内涵盖几乎全部的研究结论。

在选择核心范畴时，需要依据如下准则：①该范畴必须具有核心地位，能够将其他范畴进行连接；②必须在研究资料中频繁地出现，能够指向所有的研究对象；③必须与初始概念保持逻辑一致性，不得偏离构建的解释框架；④核心范畴必须具备高度抽象性，进而能上升为普遍性理论；⑤经过归纳整合得到的核心范畴，能够概括研究问题的本质。

在导入软件中选择性编码对应的操作是在已构建的树节点的基础上，分析树节点之间以及树节点与项目存在的相互关系，通过定义这种关系，进而将核心范畴与其他范畴链接起来。通过对知识源特性、知识获取情境、任务属性、知识需求者特性四个主轴编码进行概括提炼，认为"知识获取影响因素"是本章中具有提纲挈领地位的核心范畴。

4.4.5 理论模型构建

通过对众包创新模式参与双方经验访谈资料的获取、编码和分类，影响众包创新模式知识获取的因素被有序、抽象、系统的展现出来。为了使研究结论清晰明确地呈现出来，本章采用软件中提供的模型创建功能，构建众包创新模式知识获取影响因素理论模型。经过分析研究问题中的树节点间存在着双向影响关系、单向影响关系和类型关系三种。

（1）知识源特性、知识获取情境、任务属性、知识需求者特性与"知识获取影响因素"呈现类型关系；

（2）知识源特性与知识需求者特性、知识源特性与知识获取情境、知识获取情境与知识需求者特性存在双向影响关系；

（3）任务属性与知识源特性之间呈现单向影响关系。

经前文研究分析，知识源特性、知识获取情境、任务属性和知识需求者特性都隶属于知识获取影响因素。知识源与知识需求者之间呈现双向匹配的关系，知识源选择合适的任务参与，而知识需求者选择符合条件的知识进行获取，故呈现双向影响关系。任务属性直接决定了需要具备哪种特性的知识源参与，两者之间呈现单向影响关系；知识获取情境作为连接知识源与知识需求者之间的纽带，与两者之间都呈现双向影响关系。如图 4-5 所示。

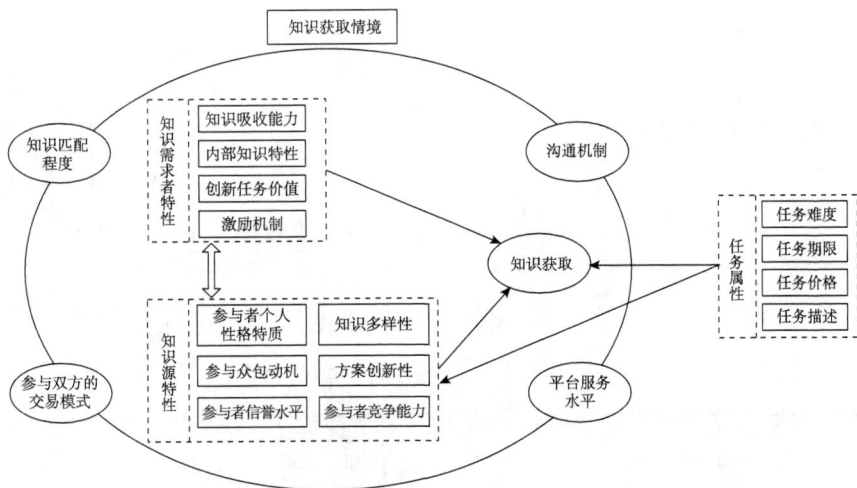

图 4-5 众包创新的知识获取影响因素理论模型

4.4.6 理论饱和检验

为进一步验证构建的理论模型的科学性和合理性，有必要对上述编码过程进行理论饱和检验。所谓理论饱和检验是通过收集新的资料数据，按照上述编码过程进行编码，以检验是否有新的编码和范畴出现，以及产生新的理论。将剩余的 9 份访谈资料用于理论饱和检验，举例如下。

当问及小左，怎么样才能收到好的作品的时候，小左告诉我，主要是多跟设计师沟通。没错，只有多和设计师沟通，才会让设计师按照你想要的作品来设计，正因为这样，小左才能征集到这么好的作品（开放式编码：沟通机制）。

经过仔细研读，发现材料中没有新的概念及范畴出现，而且结果也符合上述构建的众包创新模式知识获取影响因素理论模型。综上表明，得到的范畴编码和影响因素模型通过理论饱和度检验。

4.5 众包创新的知识获取影响因素作用机制分析

4.5.1 知识源特性

知识源作为知识的拥有者，其参与众包态度、知识表达能力及知识多样化等方面都对知识获取绩效起关键作用。研究过程中共获得有关知识源特性的编码为 6 个，资料来源总数为 37，参考点累积频次为 214，如图 4-6 所示。具体编码如下。

（1）参与者个人性格特质：诸如"心理承受能力""平常心态""执着""信心"等都会影响参与者持续参与行为，众包创新模式是多人竞争同一项任务，可能出现参与多次都未能中标情况，只有具有良好性格特质的参与者才能不断提交更高质量的作品。

（2）参与众包动机：如获取奖励、兴趣爱好、个人能力锻炼及社交需求等动机都影响参与者对众包任务的重视程度和提交任务方案的质量，进而决定知识需求者能否获得满意的知识成果。

（3）参与者信誉水平：网络环境的虚拟性、信息不对称性等因素导致众包创新参与双方之间缺乏了解和信任，参与者信誉等级越高，表明参与者完成任务和提交高质量成果的可能性越大。

（4）知识多样性：拥有多样化的知识储备和专业技能有助于参与者进行知识创造，进而提出创新的任务解决方案。

（5）方案创新性：创新性方案给需求者带来的价值越多，越能得到需求者满意，进而推动知识获取。

（6）参与者竞争能力：由于参与的用户越多，用户中标概率越小，若想成功获得奖励，用户必须提升努力程度以及最后提交方案的质量，以增强自身的竞争能力。

同时，上述因素也表现出一定的相关性，"方案创新性"和"知识多样化"具有相关性，两者呈现依赖关系，"方案创新性"以"知识多样化"为基础，没有"知识多样化"也就没有"方案创新性"；"参与者个人性格特质"与"参与者信誉水平"具有相关性，良好性格的参与者可以在众包活动中获得良好的信誉。

节点

名称	材料来源	参考点	创建人
知识源特性	37	214	IKER
知识多样性	25	61	IKER
方案创新性	21	43	IKER
参与众包动机	19	30	IKER
参与者信誉水平	19	41	IKER
参与者竞争能力	10	16	IKER
参与者个人性格特质	11	23	IKER

图4－6　知识源特性的开放式编码及频次

4.5.2　知识获取情境

知识获取情境反映的是整个众包创新活动过程中促进创新知识从外部知识源向知识需求者流动的外界条件。研究过程中共获得有关知识获取情境特性的编码为4个，资料来源总数为29，参考点累积频次为133，如图4－7所示。具体编码如下。

（1）知识匹配程度：知识需求者需要寻求与企业内部先验知识结构相匹配的知识源，内外知识源的匹配程度越高，为企业带来的创新效果越好。

（2）沟通机制：参与者与知识需求者的良好沟通，一方面能够促进参与者对任务需求的理解，在此基础上创造出满足需求的创新方案；另一方面也可以增强需求者对知识成果的价值认可。

（3）参与双方的交易模式：众包模式主要包括一对多（悬赏制）、一对一（招标制）、多对一（雇佣制）三种交易模式，不同的交易模式分别适合不同类型的众包创新任务。

（4）平台服务水平：众包平台作为连接知识源与知识需求者的桥梁，其良好的服务水平直接影响着参与双方的工作效率，进而影响着知识获取的效率。

节点			
名称	材料来源	参考点	创建人
知识获取情境	29	133	IKER
参与双方的交易模式	12	24	IKER
知识匹配程度	15	25	IKER
平台服务水平	18	30	IKER
沟通机制	24	54	IKER

图 4 - 7　知识获取情境的开放式编码及频次

4.5.3　任务属性

任务属性是知识需求者在发起众包活动时，向大众参与者传递的需求信息和设定的任务要求，任务设计的好坏将直接影响大众参与者的参与意愿和知识获取的效果。本章的研究中共获得有关任务属性的编码为 4 个，资料来源累积总数为 35，参考点累积频次为 130，如图 4 - 8 所示。具体编码如下。

（1）任务难度：参与者在筛选任务时，会对完成创新任务过程中所耗费的时间、成本和知识储备进行评估，不同难度的任务将吸引不同数量的参与者，从而影响获得创新成果的数量和质量。

（2）任务期限：众包创新模式的一个典型特征，是参与用户利用业余时间来完成创新任务。显然，任务期限的长短会影响用户的参与时间、努力程度、投入程度等，也会影响到知识获取的效果和创新方案的质量。

（3）任务价格：任务价格的高低直接影响参与者的参与动力和努力程度，进而影响活动中吸引到的参与者数量及获得的方案质量。

（4）任务描述：一般来说，任务描述越清楚，参与用户越能准确地理解创新任务发布者的需求，完成任务的效果也越好，反之则差。

节点			
名称	材料来源	参考点	创建人
任务属性	35	130	IKER
任务价格	15	32	IKER
任务描述	19	36	IKER
任务难度	13	29	IKER
任务期限	16	33	IKER

图 4 - 8　任务属性的开放式编码及频次

58

4.5.4 知识需求者特性

知识需求者是众包创新活动的发起者，同时也是知识的最终利用者，其吸收和利用能力直接影响知识获取绩效。研究过程中共获得有关知识需求者特性的编码为 4 个，资料来源总数为 31，参考点累积频次为 148，如图 4 - 9 所示。具体编码如下。

（1）知识吸收能力：知识吸收能力是指企业对外部知识进行获取、消化、应用和创新的能力，只有当企业具备一定的知识吸收能力才能将外部知识转化成创新价值。

（2）内部知识特性：如果需求企业获取的用户知识与企业自身先验知识结构完全不相关或同质性极高，则该类知识很难对企业的创新活动起到促进作用。

（3）创新任务价值：不同价值的任务，会吸引不同数量的众包参与者，进而影响知识获取的效果和众包创新绩效。

（4）激励机制：众包创新模式中有"赢者通吃"和"多人共享"两种激励机制，显然，不同的激励机制，会影响用户的参与积极性，进而影响知识获取绩效。

节点			
名称	材料来源	参考点	创建人
知识需求者特性	31	148	IKER
激励机制	21	49	IKER
创新任务价值	13	31	IKER
内部知识特性	17	38	IKER
知识吸收能力	15	30	IKER

图 4 - 9 知识需求者特性的开放式编码及频次

为了更好地理解和把握知识获取影响因素对知识获取绩效的影响程度，本章对数据资料进行统计分析，并根据统计分析结果对知识获取影响因素的重要度进行区分，如表 4 - 5 所示。其中，知识多样性、沟通机制、激励机制是三个提及频率较高的编码。综合比较，知识源特性提及频率（34.4%）要高于任务属性提及频率（20.8%）、知识获取情境（21.2%）和知识需求者特性（23.7%），是影响众包创新模式知识获取因素中最主要的因素。

表 4-5　　　　　众包创新知识获取影响因素编码统计分析

范畴	编码	频次	频率（%）		总体频率合计（%）
			范畴内频率	总体频率	
知识源特性	参与者个人性格特质	11	10.7	3.7	34.4
	参与众包动机	19	14.0	4.8	
	参与者信誉水平	19	19.2	6.6	
	知识多样性	25	28.5	9.8	
	方案创新性	21	20.1	6.9	
	参与者竞争能力	10	7.5	2.6	
知识获取情境	知识匹配程度	15	18.8	4.0	21.2
	沟通机制	24	40.6	8.6	
	参与双方的交易模式	12	18.0	3.8	
	平台服务水平	18	22.6	4.8	
任务属性	任务难度	13	22.3	4.6	20.8
	任务期限	16	25.4	5.3	
	任务价格	15	24.6	5.1	
	任务描述	19	27.7	5.8	
知识需求者特性	知识吸收能力	15	20.3	4.8	23.7
	内部知识特性	17	25.7	6.1	
	创新任务价值	13	20.9	5.0	
	激励机制	21	33.1	7.8	

4.6　管理启示

根据上述对众包创新知识获取的影响因素研究，结合我国众包创新平台的发展现状，提出以下几个方面的管理启示。

（1）合理筛选任务与方案。在参与众包创新过程中，一方面，参与者要基于自身的专业知识技能去筛选任务，避免盲目的参与，以提升参与任务的中标概率和自身的信誉；另一方面，参与者前期可参与一些竞争不激烈的任务，积累任务经验，以期在未来能提供满足知识需求者要求的创新性方案。此外，由于外部参与者的知识多样性，知识需求者在方案筛选过程中，要统筹考虑自身内部知识特性和吸收能力，有选择性地获取外部参与者提供的知识。

（2）完善任务设置。由于金钱动机是参与者参与众包任务的主要动机，任务发布者应制定与任务难度相匹配的奖励金额，同时根据任务属性制定恰当的奖励机制，以激励更多的参与者参与。在任务设置过程中，可以将复杂性任务进行模块化划分并适当延长任务完成期限，以降低任务的难度，获得尽可能多的方案。

（3）营造开放、诚信的平台环境。众包平台需要加强信息基础设施建设，不断提升自身服务水平，吸引知识供需双方的积极参与。参与者要与任务发布者进行不断的沟通交流，深入了解发布者的需求，提交高质量的创新方案。同时，要结合平台自身特点，设置科学的信誉机制和诚信保障机制，提升参与双方的信誉水平，确保平台的持续健康发展。

（4）构建有效的任务匹配机制。众包平台应制定完善的匹配机制，当发布者在平台上发布任务后，平台应对任务进行分析，检索平台案例库，为知识需求者推送有类似经验的知识源，促进知识源和知识需求者之间的准确匹配，提升参与者的中标率且降低搜索成本，同时改善需求者的知识获取效率，提升参与双方满意水平。

4.7 本章小结

本章采用扎根理论方法对众包创新模式下知识获取的影响因素进行探索研究，从实践中收集有关研究问题的访谈资料，借助质性分析软件对收集的材料进行编码分析，经开放性编码、主轴编码和选择性编码等步骤，提炼概括有关众包创新模式下知识获取的影响因素，并构建了众包创新模式下知识获取影响因素理论模型，为后续研究奠定理论依据。

5 双边视角下知识获取对众包创新绩效的影响机制实证研究

研究了众包创新模式下知识获取的前因之后，还需要进一步探索知识获取的后果，即知识获取对众包创新绩效的影响。因此，本章基于众包创新模式下知识获取影响因素的扎根研究成果，提取了知识获取的关键前因，分析知识获取前因对知识获取和众包创新绩效的影响机制，并提出相关假设，通过开发相关测量量表，基于典型众包平台开展调研和数据收集，运用结构方程分析方法进行实证研究。

5.1 知识获取的前因提取

根据第 4 章的研究内容，从运用扎根理论对众包创新模式下知识获取影响因素的研究结果，可以看出知识多样性、激励机制和沟通机制三个关键因素提及的频率最高，可以认为这三个因素最为关键。为了有效开展相关实证研究，下面分析知识获取的三个关键前因。

1. 知识多样性

知识多样性是指知识、技能、想法、信息的丰富性程度。基于众包平台的任务接包方来自全球各地，不同的专业背景、学历背景和职业经历都将带来多样化的知识[144]。专业背景的差异性是知识多样性的一个重要来源。同样，不同学历背景的任务接包方，其认知能力与思维模式也会有较大差异，直接影响创新方案的创新程度。任务接包方不同的工作经验也将影响知识的多样性，任务发布方将拥有不同职业经历的任务接包方集聚到众包创新平台中，将有利于获取丰富的多样化知识[145]。

2. 沟通机制

沟通机制是指拥有不同社会文化背景的任务接包方与任务发布方通过众包平台进行沟通，使信息交流更加顺畅，促进企业获取来自任务接包方的相关知识。安德森等（Anderson 等，1990）[146]认为沟通是参与双方之间有意义的、及时的，正式或非正式的信息共享。沟通的目的是让任务接包方更了解任务发布方亟须解决的问题，确定任务发布方真正的需求，在某些观点上达成共识，使双方的目标得以实现。通过积极有效的双向沟通，也可以提升双方的信任水平，提高任务接包方的参与积极性和创造力，进而提升创新方案的质量水平。而任务发布方的有效反馈，也将有利于创新任务的高效解决。

3. 激励机制

激励机制主要是指为了使企业创新目标得以实现，把任务接包方的需要作为基础，通过制定适当的行为规范和收益分配制度，提升创新效率和效果，达到双赢或多赢的目的。激励机制可分为内在激励机制和外部激励机制。内在激励机制是给予任务接包方来自众包创新任务本身的刺激，如赞赏、表扬、给予荣誉等，使其获得认可，实现自我价值。张（Zhang，2008）[147]认为大众心理、情感、社会层面等内在需求，是促使大众参与众包创新的主要原因。外部激励是指任务发布方通过支付中标者一定的奖金报酬，吸引和激励任务接包方积极参与众包创新。拉哈尼等（Lakhani 等，2007）[148]对众包网站创新中心（InnoCentive）的实证研究发现，金钱奖励是吸引任务接包方参与众包创新最重要的因素。拉更斯等（Lüttgens 等，2014）[31]研究发现众包创新竞赛设置科学的奖金激励时，任务接包方的参与率将呈现对数级的提高。

5.2　理论假设

5.2.1　知识获取前因及其影响

1. 知识多样性与知识获取

任务接包方倾向于依靠自身知识完成创新任务，多样化的知识能为任务发布方提供丰富的知识和多样化视角，从而影响任务发布方的知识获取绩效。野中郁次郎（Nonaka，2015）[149]指出拥有多样性知识的群体能处理更多突发事件，他将其称为"必要多样性法则"。哈加登（Hargadon，2003）[150]通过实证研究发现，任务接包方拥有多样化的知识将激发他们的创意，知识跨领域转移将产生实质性的创新。因此，提出如下假设。

H1：知识多样性对知识获取有显著正向影响。

2. 沟通机制与知识获取

马丁内斯（Martinez，2015）[52]研究发现任务接包方与任务发布方之间的沟通是任务发布方知识获取的基础。伊孛（Ipe，2004）[151]认为众包创新是任务接包方将知识转化为可被他人理解和使用的知识的过程，最终结果是任务接包方与任务发布方共同占有知识。基列仁科等（Yli – Renko 等，2002）[152]用案例分析的方法研究了一个芬兰新创电子企业，发现企业内部成员与企业外部大众的沟通交流越多，获取到的创意越多。任务发布方要获取接包方知识，理解并运用其知识，深入的沟通是获取知识最有效的途径[98]。因此，提出如下假设。

H2：沟通机制对知识获取有显著正向影响。

3. 激励机制与知识获取

目前众包创新的中标模式在各众包平台呈现多样化，但其激励机制比较单一。通过调查发现众多应用众包的企业和第三方众包平台的激励机制都为固定奖金激励模式。由于任务接包方个体具有藏匿知识的特性，知识共享行为不会自愿发生，因此必须依靠激励机制，激发任务接包方知识共享的意愿，企业才能获取知识。维克拉马辛等（Wickramasinghe 等，2012）[153]指出企业应建立与创新任务相匹配的激励机制，从而提高其知识获取效果。加里戈斯等（Garrigos 等，2015）[78]认为影响任务接包方知识共享的动机，主要为个人利益的驱动。因而任务发布方需要制定匹配的激励机制，如进行知识分享激励，或通过建立威望和社会认同进行激励。因此，提出如下假设。

H3：激励机制对知识获取有显著正向影响。

5.2.2 知识获取与众包创新绩效

创新绩效是指创新的效率和效果，即企业通过开展创新活动，利用创新成果实现其经营目标。通过梳理国内外文献发现，相关学者将创新绩效视为多维构成变量。穆罕默德等（Mohamed 等，1996）[154]通过运用李克特（Likert）7 级量表对创新绩效进行测量，衡量指标包括企业的生产方式、服务质量、客户关系、产品质量、营销模式等十五个指标；穆尔曼等（Moorman 等，

1999）[155]提出运用新产品的创新性、其在相同产品中的市场占有率以及为企业增加的收益等指标，来评价企业创新绩效；斯托克等（Stock 等，2001）[156]提出对创新绩效的衡量指标包括创新速度、创新数量以及领先竞争对手的时间。

众包创新是任务发布方、任务接包方和众包平台合作互动的过程，众包创新绩效应该是反映三者之间协作互动结果的一种衡量。因此，结合众包创新的特点，可以从创新方案数量、创新方案质量和任务完成率等多个方面来衡量众包创新绩效。

任务发布方要想通过众包创新模式实现创新绩效的提升，则必须不断地向外部网络资源获取相关知识。而众包平台提供了大量不为单一企业所掌握的新知识，任务发布方通过众包平台能够获取并吸收解决创新问题的知识和技能，增加任务发布方的知识积累，提升其知识结构，实现创新绩效目标。野中郁次郎（Nonaka，2015）[149]指出创新的出现离不开外部知识获取，创新很大程度上取决于外部知识获取的后续转化。卢比特（Lubit，2001）[157]认为有效转化获取到的外部知识将提升企业的竞争能力，并获得竞争优势。卡佛斯格尔等（Cavusgil 等，2003）[158]以美国制造商和服务商为样本，对知识获取和创新绩效进行了实证研究，结果发现知识获取同创新绩效有着显著的相关性。众包创新模式下，从任务接包方获取的知识能带来有利于创新的异质资源，知识获取的效果将直接影响众包创新绩效。因此，提出如下假设。

H4：知识获取对众包创新绩效有显著正向影响。

5.2.3　知识获取的前因对众包创新绩效的影响

1. 知识多样性与众包创新绩效

由于企业发布的创新任务种类繁多，需要接包方拥有相匹配的知识，而接包方知识多样化提供了更广泛的知识和经验，恰好满足了企业创新任务的基本要求。野中郁次郎（Nonaka，2015）[149]指出知识多样性是创新本身固有的需求，不同职能部门相互关联边界上最有可能产生创新的理念。珀茨等（Poetz 等，2012）[2]发现，来自大众的想法在新颖性和客户利益方面比专业人员产生的想法更好，并指出吸引多样化的人才是众包活动成功的关键。尚恩（Shane，2000）[159]认为创新实质上是一个新知识被创造、整合和应用的过程，而创新绩效在很大程度上受到参与者所拥有知识的多样性的影响。科索恩等

（Kosonen 等，2014）[30]结合众包平台的任务发布内容，通过分析接包方匹配的调查数据，发现接包方知识多样性影响不同类型创新任务解决方案的质量。因此，提出如下假设。

H5：知识多样性对众包创新绩效有显著正向影响。

2. 沟通机制与众包创新绩效

任务接包方与发布方之间进行有效沟通，有利于任务接包方掌握发布的创新任务，预防和解决众包中出现的一些障碍。通过深入沟通，能让任务接包方了解任务发布方的价值观，提高任务接包方的参与度，提升其积极性和创造性。马丁内斯（Martinez，2015）[52]指出任务接包方与任务发布方之间高质量的沟通，对众包创新效率以及绩效的提升有明显的促进作用。加里戈斯等（Garrigos 等，2015）[78]认为加强接包方与发布方之间的沟通，将降低中途放弃任务的接包方数量，提高任务完成率。因此，提出如下假设。

H6：沟通机制对众包创新绩效有显著正向影响。

3. 激励机制与众包创新绩效

激励机制对于任务接包方有多重功效，它不仅是一种有效的报酬激励，也是一种强有力的促进剂。健全和完善的激励机制将在较高、较强的层次上激发任务接包方的创新意识，充分发挥他们的创造力。科索恩等（Kosonen 等，2014）[30]指出任务接包方对激励机制的满意程度会影响其在众包创新任务中的表现和努力程度。布德罗等（Boudreau 等，2011）[13]发现当激励机制的吸引力较大时，能够激发接包方的创新渴望度，提高创新方案的质量，并能显著提高众包创新绩效。因此，提出如下假设。

H7：激励机制对众包创新绩效有显著正向影响。

5.2.4　知识获取的中介作用

上述假设已经表明知识获取前因与知识获取相关，且知识获取与众包创新绩效相关。因此这两部分的假设隐含了以下关系，即知识获取前因通过对知识获取的影响而最终对众包创新绩效发生作用。知识多样性、沟通机制、激励机制将影响任务发布方从任务接包方获取营销信息、管理技能和研发知识，从而影响众包创新方案的质量以及创新方案的实施效果。马丁内斯（Martinez，2015）[52]认为任务接包方具有不同领域的专业知识、技能和经验，有利于任务发布方获取其中有价值的知识，增加任务发布方的知识积累，从而促进其创造力与创新程度。因此，提出如下假设。

H8：知识获取在知识获取前因与众包创新绩效之间起中介作用。

基于以上分析可知，双边视角下知识获取前因对知识获取及众包创新绩效影响理论模型如图5-1所示。

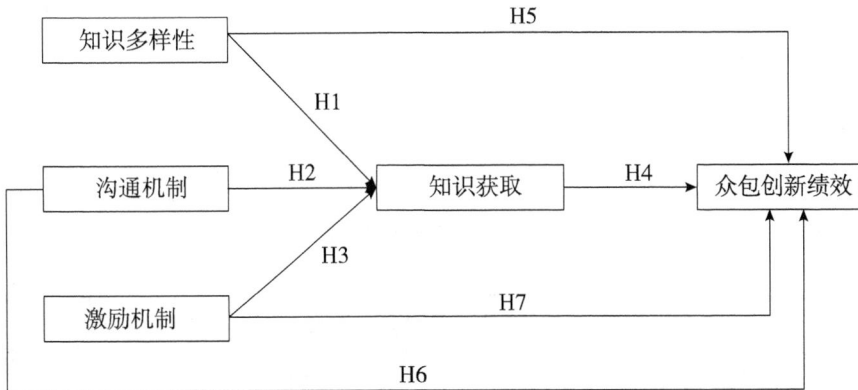

图5-1 双边视角下知识获取前因对知识获取及众包创新绩效影响理论模型
注：H8无法画出。

5.3 实证分析

5.3.1 变量选择与测量

本研究采用李克特（Likert）7级量表的形式对变量进行测量。在借鉴已有研究的成熟量表基础上，根据众包实际进行适当修改，形成最终量表。知识多样性的测量主要参考维洁特等（Vegt等，2005）[160]、黄芳等（2010）[161]的测量方法，共4个测量问项；沟通机制的测量主要参考叶（Ye，2005）[162]、波尔拉等（Paulraj等，2008）[163]、刘衡等（2010）[164]的测量方法，共4个测量问项；激励机制的测量主要参考布拉汉姆（Brabham，2008）[17]、马宏建和芮明杰（2007）[165]的测量方法，共4个测量问项；知识获取主要参考曾等（Tsang等，2004）[166]、诺曼（Norman，2004）[167]、马柯航（2015）[168]的测量方法，共4个测量问项；众包创新绩效主要参考斯托克等（Stock等，2001）[156]、基列仁科等（Yli-Renko等，2002）（2002）[152]、林素芬和林峰（2015）[95]的测量方法，共4个测量问项。

知识多样性是指知识、技能、想法、信息的丰富程度。众包创新平台的任务接包方来自全球各地，其不同的专业背景、学历背景和职业经历都将带来多样化的知识[144]。整理有关知识多样性的文献，发现知识多样性的研究较少采用问卷方式。借鉴了黄芳等（2010）[161]关于知识多样性的测量问项，以及维洁特等（Vegt 等，2005）[160]关于信息多样性、技能多样性的测量问项，编制了该部分的相关测量问项，具体测量量表如表 5-1 所示。

表 5-1　　　　　　　　　知识多样性测量量表

潜变量	编码	测量问项	选取依据
知识多样性	A1	不同专业背景的任务接包方拥有不同的知识	维洁特等（Vegt 等，2005）[160]，黄芳等（2010）[161]
	A2	不同职能岗位的任务接包方拥有不同的知识	
	A3	不同学历背景的任务接包方拥有不同的知识	
	A4	不同工作经验的任务接包方拥有不同的知识	

沟通机制是指拥有不同社会文化背景的任务接包方与任务发布方通过众包平台进行沟通，使信息交流更加顺畅，促进任务发布方获取来自任务接包方的知识。叶（Ye，2005）[162]研究企业绩效与知识获取的关系时，采用 4 个测量问项对信息技术（IT）企业外包中客户与企业间的沟通互动进行测量。刘衡等（2010）[164]在对关系资本、组织间沟通和创新绩效的关系研究中，借鉴了波尔拉等（Paulraj 等，2008）[163]的研究，采用了 5 个测量问项度量组织间的沟通，包括组织间分享许多有价值的信息，组织间会为对方提供任何有帮助的信息，信息交换经常性、非正式性和及时性，组织间会及时告知对方可能影响其绩效的变化，组织间经常进行面对面沟通。整理有关众包沟通机制的文献，发现国内外学者对众包沟通机制的研究甚少。借鉴了叶（Ye，2005）[162]、波尔拉等（Paulraj 等，2008）[163]、刘衡等（2010）[164]的研究成果，编制了该部分的相关测量问项，测量量表如表 5-2 所示。

表 5-2   沟通机制测量量表

潜变量	编码	测量问项	选取依据
沟通机制	C1	任务接包方与任务发布方进行良好的沟通	叶（Ye，2005）[162]，波尔拉等（Paulraj 等，2008）[163]，刘衡等（2010）[164]
	C2	任务接包方与任务发布方之间交流的信息非常可靠	
	C3	任务接包方与任务发布方之间能及时理解对方的意思和想法	
	C4	任务接包方与任务发布方沟通过程中反应灵活、能快速解决问题	

激励机制主要是指为了使企业目标得以实现，以任务接包方的相关需要作为基础，通过制定适当的行为规范和分配制度，使任务接包方利益与企业利益达成一致，最终形成双赢和多赢局面。针对激励机制的测量条款，布拉汉姆（Brabham，2008）[17]采用了 3 个测量问项度量激励机制，包括众包活动提供了赚取额外收入的机会；参与众包活动能够提升能力等级；参与众包活动能够带来更多的声望和认同。马宏建和芮明杰（2007）[165]提出了对员工知识获取、知识共享、知识创新等方面的相关激励机制，包括了 7 项测量条款。在参考上述量表和研究成果的基础上，构建了如表 5-3 所示的激励机制具体测量量表。

表 5-3   激励机制测量量表

潜变量	编码	测量问项	选取依据
激励机制	D1	任务发布方为任务接包方设立的奖赏制度很公平	布拉汉姆（Brabham，2008）[17]，马宏建和芮明杰（2007）[165]
	D2	任务发布方对任务接包方优秀的创新方案实行奖金激励	
	D3	任务发布方为优秀任务接包方提供工作机会	
	D4	任务发布方对任务接包方优秀的创新方案给出优质评价	

克里斯汀等（Christine 等，2003）[169]认为在企业与外部组织的互动交流中获得相关知识的过程是知识获取过程。因此，本书认为众包创新知识获取是任务发布方与任务接包方互动过程中对相关知识的获得、理解和应用。曾等（Tsang 等，2004）[166]采用9个测量问项测量跨国合资企业中合作伙伴的知识获取。诺曼（Norman，2004）[167]从能否提高管理技能、开发技术技能等视角，提出采用4个测量问项对高新技术联盟中的知识获取进行测量。马柯航（2015）[168]在曾等（Tsang 等，2004）[166]的研究基础上，提出采用包括获取需求能力、获取政策信息能力、获取研发知识能力、获取技术发展能力、获取开发知识能力及获取创新知识能力6个测量问项知识获取能力。在参考上述研究的基础上，结合众包创新的实践情况，对测量问项做针对性修改，测量量表如表5-4所示。

表5-4 知识获取测量量表

潜变量	编码	测量问项	选取依据
知识获取	F1	任务发布方在与任务接包方来往过程中获取了关于产品研发的知识	曾等（Tsang 等，2004）[166]，诺曼（Norman，2004）[167]，马柯航（2015）[168]
	F2	任务发布方在与任务接包方来往过程中获取了关于市场需求的信息	
	F3	任务发布方在与任务接包方来往过程中获取了创新管理方面的知识	
	F4	任务发布方在与任务接包方来往过程中获取了营销管理方面的诀窍	

如前文所述，众包创新绩效的测量应该能反映参与众包创新的相关合作主体之间的互动结果。长期以来，创新绩效的度量问题一直是管理学和经济学领域中存在争议较多的问题，到目前为止，尚未形成一个统一的创新绩效测量体系。斯托克等（Stock 等，2001）[156]用创新的平均数量、创新平均所费时间、领先对手推出创新的时间三个维度衡量创新绩效。基列仁科等（Yli-Renko 等，2002）[152]用新产品开发、技术独特性、销售成本衡量创新科技企业的创新绩效。林素芬和林峰（2015）[95]从人气、众包成果数量、众包成果质量三个维度对众包创新绩效进行了度量。本书认为众包创新绩效的具体测

量量表如表5-5所示。

表5-5　　　　　　　　　　众包创新绩效测量量表

潜变量	编码	测量问项	选取依据
众包创新绩效	H1	任务发布方获取了众多的创新方案	斯托克等（Stock 等，2001）[156]，基列仁科等（Yli - Renko 等，2002）[152]，林素芬和林峰（2015）[95]
	H2	任务发布方获取了高质量的创新方案	
	H3	发布的创新任务有较高的完成率	
	H4	该创新方案提升了任务发布方的品牌知名度	

5.3.2　小样本数据的收集与分析

基于上述测量量表，结合众包具体实践，首先进行小样本测试，根据测试结果对问卷进行修正，保证测量量表的效度和信度。小样本调研是2016年6月在猪八戒网众包平台进行的。调查问卷分为两部分。第一部分为任务接包方相关问项。猪八戒网众包平台上有任务接包方的人才库，在人才库或用户的个人空间里可以找到用户的邮箱、腾讯即时通信（QQ）号或电话号码，通过以上联系方式可以邀请相关用户参与问卷填写。第二部分为任务发布方相关问项，问卷放置在"悬赏者"在线交流社区上，通过调查发布方以获得问卷数据。本次调查累计发放问卷数量90份，回收75份，为检测问卷的有效性，剔除了无效问卷。剔除无效问卷的原则如下：①问卷的作答存在前后矛盾的；②问卷的作答存在多处缺失的；③存在"不确定"选项过多的问卷。按照上述原则进行剔除，最终获得58份有效问卷，有效问卷回收率为64.4%。

5.3.3　小样本检验的程序与标准

在小样本检验阶段，筛选问项的方法主要包括信度分析与探索性因子分析，最终得到修正的量表。步骤如下。

第一步，根据效度分析的结果，删除信度较低的问项，净化潜变量的问项。净化测量条款采用总相关系数（Corrected Item - Total Correlation，CITC），若总相关系数（CITC）值小于0.3，则删除对应的测量问项[170]。选用0.3作为净化标准，检验信度需使用克朗巴哈 α 信度系数（The Cronbach's Alpha，简称 α 系数）法。净化前后，需要多次计算 α 系数。直到剩余测量问项的 α 系数大于 0.7 时，测量问项信度才满足最终要求[171]。

第二步，在测量问项净化完成后，需采用样本充分性测度（Kaiser – Meyer – Olykin Measure of Sampling Adequacy，KMO）和巴特利球体检验（Bartlett Test of Sphericity），以判断下一步因子分析的可行性。一般认为，充分性测度（KMO）值在 0.90 以上，非常适合；0.8 ~ 0.9，很适合；0.7 ~ 0.8，适合；0.6 ~ 0.7，不太适合；0.5 ~ 0.6，很勉强；0.5 以下，不适合。而对于巴特利球体检验来说，当显著性概率小于显著性水平时，可进行下一步的因子分析[172]。按照这一原则，对于充分性测度（KMO）值在 0.7 以上的，进行因子分析；在 0.6 ~ 0.7 的，是否进行因子分析需根据实际情况决定；若充分性测度（KMO）小于 0.6，则不适合做因子分析。

第三步，对所有变量进行探索性因子分析。西蒙尼（Simonin，1999）认为对于无序的数据来说，探索性因子分析具有寻找共同属性、检验变量间的差异化程度（区分效度）的目的[173]。以测量问项的因子载荷评价区分效度。本书主要利用主成分分析法（Principle Component Methods），并采用最大方差法（Varimax）进行分析，在因子个数的选择方面，采用特征值大于 1 的标准；同时，在评价测量问项的区分效度时，遵循如下几个原则。

（1）测量问项所属的因子载荷需大于 0.5，即具有收敛效度。

（2）若某一测量问项单独构成一个因子，则因缺乏内部一致性予以删除。

（3）为确保测量问项的区分效度，测量问项对应的因子载荷需趋近于 1，而其他因子载荷需趋近于 0。若某一测量问项的因子载荷均小于 0.5，或存在两个以上的因子载荷大于 0.5，称为横跨因子现象，应予以删除。

上述标准保证了每一个概念测量的单因子性，同时防止了测量问项横跨因子现象，经过上述分析后，利用探索性因子分析剔除测量问项的变量，然后重新计算信度。

5.3.4　小样本量表的检验

1. 知识多样性量表的总相关系数（CITC）和信度分析

采用总相关系数（CITC）法和 α 信度系数法净化量表的测量条款。从表 5 – 6 可以看出，用户知识多样性的测量条款中，4 个测量条款的初始总相关系数（CITC）均大于最低标准0.3，分别是：A1 为 0.545，A2 为 0.675，A3 为 0.617，A4 为 0.661。用户知识多样性量表整体的 α 信度系数为 0.808，大于 0.7，说明量表符合研究的要求。

表 5－6   用户知识多样性的总相关系数（CITC）和信度分析

测量问项	总相关系数（CITC）	删除该项目后的 α 系数	α 系数
A1	0.545	0.794	
A2	0.675	0.733	0.808
A3	0.617	0.762	
A4	0.661	0.740	

2. 沟通机制量表的总相关系数（CITC）和信度分析

采用总相关系数（CITC）法和 α 信度系数法净化量表的测量条款。从表 5－7 可以看出，沟通机制的测量条款中，4 个测量条款的初始总相关系数（CITC）均大于最低标准 0.3，分别是：C1 为 0.608，C2 为 0.666，C3 为 0.604，C4 为 0.667。企业沟通机制量表整体的 α 信度系数为 0.812，大于 0.7，说明量表符合研究的要求。

表 5－7   沟通机制的总相关系数（CITC）和信度分析

测量问项	总相关系数（CITC）	删除该项目后的 α 系数	α 系数
C1	0.608	0.775	
C2	0.666	0.751	0.812
C3	0.604	0.781	
C4	0.667	0.747	

3. 激励机制量表的总相关系数（CITC）和信度分析

采用总相关系数（CITC）法和 α 信度系数法净化量表的测量条款。从表 5－8 可以看出，激励机制的测量条款中，第 1 个测量条款（D1）的总相关系数（CITC）为 0.139，小于 0.3，且删除这个测量条款后 α 系数有所上升，从 0.683 上升到 0.808，所以将这个测量项目予以删除。删除测量条款 D1 后，其他测量条款的总相关系数（CITC）值分别是：D2 为 0.706，D3 为 0.690，D4 为 0.581。激励机制量表整体的 α 信度系数为 0.808，大于 0.7，说明量表符合研究的要求。

表 5 - 8　　　　　　激励机制的总相关系数（CITC）和信度分析

测量问项	初始总相关系数（CITC）	最后总相关系数（CITC）	删除该项目后的 α 系数	α 系数
D1	0.139	删除	—	初始 α = 0.683　最终 α = 0.808
D2	0.634	0.706	0.690	
D3	0.640	0.690	0.702	
D4	0.522	0.581	0.817	

4. 知识获取量表的总相关系数（CITC）和信度分析

采用总相关系数（CITC）法和 α 信度系数法净化量表的测量条款。从表 5 - 9 可以看出，知识获取的测量条款中，4 个测量条款的初始总相关系数（CITC）均大于最低标准 0.3，分别是：F1 为 0.637，F2 为 0.561，F3 为 0.627，F4 为 0.742。知识获取量表整体的 α 信度系数为 0.817，大于 0.7，说明量表符合研究的要求。

表 5 - 9　　　　　　知识获取的总相关系数（CITC）和信度分析

测量问项	总相关系数（CITC）	删除该项目后的 α 系数	α 系数
F1	0.637	0.773	0.817
F2	0.561	0.808	
F3	0.627	0.776	
F4	0.742	0.720	

5. 众包创新绩效量表的总相关系数（CITC）和信度分析

采用总相关系数（CITC）法和 α 信度系数法净化量表的测量条款。从表 5 - 10 可以看出，众包创新绩效的测量条款中，4 个测量条款的初始总相关系数（CITC）都大于最低标准 0.3，分别是：H1 为 0.582，H2 为 0.528，H3 为 0.508，H4 为 0.450。众包创新绩效量表整体的 α 信度系数为 0.726，大于 0.7，说明量表符合研究的要求。

表 5 - 10   众包创新绩效的总相关系数（CITC）和信度分析

测量问项	总相关系数（CITC）	删除该项目后的 α 系数	α 系数
H1	0.582	0.627	
H2	0.528	0.659	0.726
H3	0.508	0.670	
H4	0.450	0.703	

5.3.5   小样本的探索性因子分析

完成上述初步净化后，需要借助充分性测度（KMO）和巴特利球体检验判断因子分析的可行性。首先对 5 个变量的 19 个测量问项（初始测量条款共有 20 个，根据净化结果，删除 1 个）进行充分性测度（KMO）和巴特利球体检验，其结果如表 5 - 11 所示。

表 5 - 11   探索性因子分析的充分性测度（KMO）和巴特利球体检验

充分性测度（KMO）	0.737
巴特利检验卡方值	528.757
自由度（*df*）	171
显著性（*Sig.*）	0.000

由表 5 - 11 可知，充分性测度值（*KMO*）为 0.737，大于 0.5，在显著性（$P = 0.000$）的水平上可以进行因子分析。设置因子选择标准为特征值大于 1，采用主成分方法，通过最大方差法（Varimax）旋转，计算出各测量问项的因子载荷，探索性因子分析结果如表 5 - 12 所示。共得到 5 个特征根大于 1 的因子，分别对应于本书的 5 个变量，并且大部分测量问项在其所属变量上的标准化载荷系数均大于 0.5，说明量表的效度较好。由表 5 - 12 可知，众包创新绩效测量问项中 H4 的因子负载小于 0.5，应删除。

剔除测量问项 H4 后，形成的最终大样本问卷包含 18 个测量问项。通过量表净化与探索性因子分析删除 2 个测量问项后，需要重新对小样本数据进行信度分析，结果如表 5 - 13 所示。经过上述信度分析与探索性因子分析后，删除存在问题的测量问项 D1 和 H4，并对问卷的语句表达和措辞进一步修正，避免题意模糊或歧义，修正后的变量测量量表如表 5 - 14 所示。

表 5-12   探索性因子分析结果

测量问项	成分				
	1	2	3	4	5
A2	0.840	0.041	-0.178	0.094	0.211
A4	0.760	0.009	0.339	-0.013	0.132
A1	0.708	0.194	-0.081	0.238	0.051
A3	0.691	-0.004	0.362	-0.073	0.328
C2	-0.002	0.798	0.112	-0.087	0.337
C1	0.063	0.775	-0.034	0.343	0.024
C4	0.191	0.770	0.193	0.029	0.118
C3	-0.003	0.693	0.345	0.152	0.050
D2	-0.041	0.109	0.853	0.200	-0.058
D3	0.200	0.393	0.749	0.122	0.040
D4	0.105	0.128	0.690	0.287	0.166
F1	0.168	0.014	0.177	0.835	0.047
F4	0.070	0.212	0.306	0.790	0.061
F3	-0.144	0.120	0.469	0.581	0.362
F2	0.403	0.237	0.070	0.531	0.369
H3	0.061	0.213	0.020	0.072	0.799
H2	0.207	0.133	0.145	-0.006	0.712
H1	0.399	-0.010	-0.112	0.267	0.617
H4	0.368	0.088	0.094	0.236	0.447

表 5-13   信度分析结果汇总

变量	测量项目数量	α 系数
知识多样性	4	0.808
沟通机制	4	0.812
激励机制	3	0.808
知识获取	4	0.817
众包创新绩效	3	0.703

表 5 – 14　　　　　　　　　　　　　修正后的变量测量量表

潜变量	编码	测量问项	选取依据
知识多样性	A1	不同专业背景的任务接包方拥有不同的知识	维洁特等（Vegt 等，2005）[160]，黄芳等（2010）[161]
	A2	不同职能岗位的任务接包方拥有不同的知识	
	A3	不同学历背景的任务接包方拥有不同的知识	
	A4	不同工作经验的任务接包方拥有不同的知识	
沟通机制	C1	任务接包方与任务发布方进行良好的沟通	叶（Ye，2005）[162]，波尔拉等（Paulraj 等，2008）[163]，刘衡等（2010）[164]
	C2	任务接包方与任务发布方之间交流的信息非常可靠	
	C3	任务接包方与任务发布方之间能及时理解对方的意思和想法	
	C4	任务接包方与任务发布方沟通过程中反应灵活、能快速解决问题	
激励机制	D1	任务发布方对任务接包方优秀的创新方案实行奖金激励	布拉汉姆（Brabham，2008）[17]，马宏建和芮明杰（2007）[165]
	D2	任务发布方为优秀任务接包方提供工作机会	
	D3	任务发布方对任务接包方优秀的创新方案给出优质评价	
知识获取	F1	任务发布方在与任务接包方来往过程中获取了关于产品研发的知识	曾等（Tsang 等，2004）[166]，诺曼（Norman，2004）[167]，马柯航（2015）[168]
	F2	任务发布方在与任务接包方来往过程中获取了关于市场需求的信息	
	F3	任务发布方在与任务接包方来往过程中获取了创新管理方面的知识	
	F4	任务发布方在与任务接包方来往过程中获取了营销管理方面的诀窍	

潜变量	编码	测量问项	选取依据
众包创新绩效	H1	任务发布方获取了众多的创新方案	斯托克等（Stock 等，2001）[156]，基列仁科等（Yli - Renko 等，2002）[152]，林素芬和林峰（2015）[95]
	H2	任务发布方获取了高质量的创新方案	
	H3	发布的创新任务有较高的完成率	

5.3.6　大样本数据获取

选取猪八戒网为研究载体，调查对象同样为任务接包方和任务发布企业，并与猪八戒网众包平台的工作人员通力合作，通过两种方法发放和回收问卷，进行大样本调查。第一种方法是，利用猪八戒网众包平台人才库，在人才库或接包方的个人空间里找到接包方的邮箱、腾讯即时通信（QQ）号或电话号码，通过以上联系方式邀请相关任务接包方参与问卷填写；第二种方法是，通过与猪八戒网合作，参与猪八戒网组织的沙龙活动，邀请任务发布企业参与问卷填写。为减少不同任务类型对众包参与者网络研究的影响[174]，本次问卷调查对象为设计类的任务接包方和任务发布企业。猪八戒网网站设计类包括广告设计、工业设计、产品设计、工程设计等，是猪八戒网网站重要的创新任务类别。

问卷调查时间为 2016 年 6 月 20 日至 8 月 20 日，共发放 487 份调查问卷，总体回收 271 份问卷，回收率为 55.65%；其中有效问卷 215 份，有效回收率 44.15%。具体问卷发放与回收情况如表 5 – 15 所示。

表 5 – 15　　　　　　　　　　问卷发放与回收情况

问卷发放形式	发放数量	回收数量	回收率（%）	有效数量	有效回收率（%）
邮箱（E‑mail）或腾讯即时通信（QQ）	378	186	49.21	137	36.24
电话访谈	56	41	73.21	38	67.86
实地调查	53	44	83.02	40	75.47
合计	487	271	55.65	215	44.15

5.3.7 描述性统计分析

1. 年龄分析

网络数字平台的普及，为大众扩充知识、提升技能、培养兴趣和享受生活带来了机遇，众包模式也受到广泛关注。由于众包用户年龄不受限制，本书将众包用户的年龄分为以下 4 个年龄段：20 岁及以下、21～30 岁、31～40 岁和 41 岁及以上。由图 5－2 可以看出，21～30 岁这个年龄段的用户较多，数量为 176 人，比例达到了 81.86%；20 岁及以下有 5 人，占 2.33%；31～40 岁有 31 人，占 14.42%；41 岁及以上有 3 人，占 1.39%。从被调查者的年龄分布情况来看，参与众包创新的用户都比较年轻。

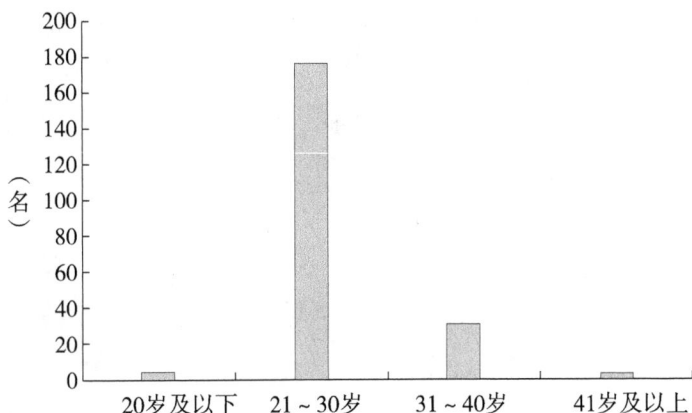

图 5－2　被调查者年龄分布情况

2. 性别分析

操作应用越来越简单的计算机及软件、样式越来越多及价格越来越低廉的移动设备终端等创新工具的普及，使大众拥有了将自己的创意转化为创新成果的媒介，因此，越来越多的大众参与众包创新实践。由图 5－3 可以看出男性所占比例为 52.56%，女性所占比例为 47.44%。因此，对众包用户进行性别分析，发现样本分布相对均衡，参与众包的男性与女性人数差别不大。

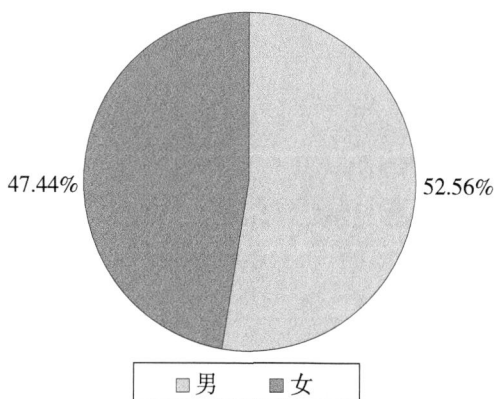

图 5 - 3 被调查者性别分布情况

3. 学历分析

本次调查将用户学历分为大专及以下、本科、硕士和博士及以上。根据图 5 - 4 可以看出，被调查对象大专及以下学历 67 名，所占比例为 31.16%；本科学历 131 名，所占比例为 60.93%；硕士学历 15 名，所占比例为 6.98%；博士及以上学历 2 名，所占比例为 0.93%。所以，参与众包创新的用户学历主要为本科，其受教育程度比较高。

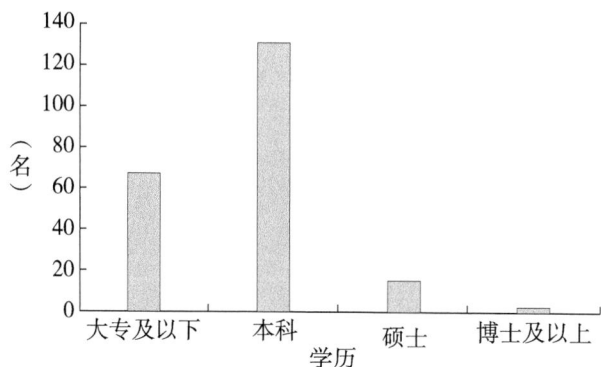

图 5 - 4 被调查者学历分布情况

5.3.8 信度与效度检验

运用统计软件（SPSS17.0）对样本数据进行各变量信度检验与效度检验，结果如表 5 - 16 所示，各变量的克朗巴哈 α 信度系数（Cronbach's α）均大于 0.7，说明量表具有较好的内部一致性。所有测量问项在其所属变量上的标准化载荷系数均大于 0.6，组合信度值（CR）均大于 0.8，平均提取方差

（AVE）均大于 0.5，量表具有较好的信度与效度。

各变量相关性分析结果如表 5 - 17 所示，双边视角下知识获取前因与知识获取以及众包创新绩效之间的相关系数为 0.204 ~ 0.462，说明各变量之间存在中等偏下的正相关，变量间的共同变异不是很高，可对各变量作用关系做进一步分析。

表 5 - 16　　　　各变量的信度检验和效度检验结果

潜变量	测量问项	因子载荷	组合信度值（CR）	平均提取方差（AVE）
知识多样性（α = 0.764）	不同专业背景的任务接包方拥有不同的知识	0.713	0.848	0.584
	不同职能岗位的任务接包方拥有不同的知识	0.790		
	不同学历背景的任务接包方拥有不同的知识	0.707		
	不同工作经验的任务接包方拥有不同的知识	0.716		
沟通机制（α = 0.818）	任务接包方与任务发布方进行良好的沟通	0.726	0.880	0.646
	任务接包方与任务发布方之间交流的信息非常可靠	0.790		
	任务接包方与任务发布方之间能及时理解对方的意思和想法	0.774		
	任务接包方与任务发布方沟通过程中反应灵活、能快速解决问题	0.772		
激励机制（α = 0.746）	任务发布方对任务接包方优秀的创新方案实行奖金激励	0.722	0.856	0.666
	任务发布方为优秀任务接包方提供工作机会	0.706		
	任务发布方对任务接包方优秀的创新方案给出优质评价	0.808		

续　表

潜变量	测量问项	因子载荷	组合信度值（CR）	平均提取方差（AVE）
知识获取 （α=0.794）	任务发布方在与任务接包方来往过程中获取了关于产品研发的知识	0.709	0.865	0.617
	任务发布方在与任务接包方来往过程中获取了关于市场需求的信息	0.668		
	任务发布方在与任务接包方来往过程中获取了创新管理方面的知识	0.806		
	任务发布方在与任务接包方来往过程中获取了营销管理方面的诀窍	0.709		
众包创新绩效 （α=0.730）	任务发布方获取了众多的创新方案	0.803	0.847	0.649
	任务发布方获取了高质量的创新方案	0.701		
	发布的创新任务有较高的完成率	0.657		

表 5 – 17　　　　　　　　各变量相关性分析结果

变量	知识多样性	沟通机制	激励机制	知识获取	众包创新绩效
知识多样性	1				
沟通机制	0.204**	1			
激励机制	0.378**	0.435**	1		
知识获取	0.352**	0.453**	0.462**	1	
众包创新绩效	0.430**	0.349**	0.378**	0.441**	1

　　注：** 表示显著性水平（$P<0.01$）。

5.3.9　结构方程模型分析

　　根据第 5.2 节构建的双边视角下知识获取前因对知识获取及众包创新绩效影响理论模型和相关假设，构建结构方程初始模型，并运用结构方程软件（AMOS17.0）对样本数据进行分析，初始模型分析结果如表 5 – 18 所示，结构方程初始模型结果如图 5 – 5 所示。

表 5 - 18 初始模型分析结果

假设路径	标准化路径系数	临界比值（C. R. 值）	显著性（P）
知识获取←知识多样性	0.204	2.207	0.027
知识获取←沟通机制	0.331	3.346	***
知识获取←激励机制	0.305	2.609	0.009
众包创新绩效←知识获取	0.302	2.560	0.010
众包创新绩效←知识多样性	0.339	3.194	0.001
众包创新绩效←沟通机制	0.174	1.649	0.099
众包创新绩效←激励机制	0.069	0.568	0.570

拟合指标	卡方值（χ^2）	自由度（df）	显著性（P）	规范卡方（χ^2/df）	近似误差均方根（RMSEA）
具体数值	206.682	125	0.000	1.653	0.055

拟合指标	拟合优度指数（GFI）	规范拟合指数（NFI）	比较拟合指数（CFI）
具体数值	0.898	0.859	0.938

注：*** 表示不显著水平。

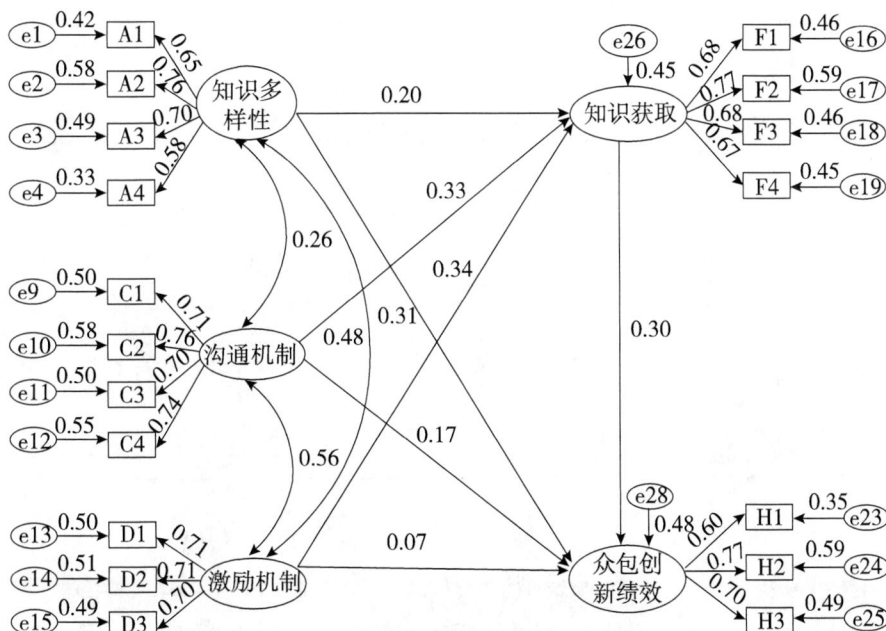

图 5 - 5　结构方程初始模型结果

注：图中数据经过四舍五入只保留了小数点后两位。

由表 5 - 18 可知，规范卡方值（χ^2/df）为 1.653 < 2，满足适配度指标值。初始模型近似误差均方根（$RMSEA$）值为 0.055，小于 0.08；比较拟合指数（CFI）值为 0.938，大于 0.90；拟合优度指数（GFI）和规范拟合指数（NFI）值分别为 0.898 和 0.859，小于 0.90。潜在变量和观察变量之间的标准化路径系数都在 0.5 以上，大多数的内生潜在变量和外生潜在变量之间的临界比值（$C.R.$ 值）大于 1.96 的参考临界值，至少在显著性水平（P = 0.05）上具有统计显著性。但初始模型中，"众包创新绩效←沟通机制"路径的临界比值（$C.R.$ 值）= 1.649 < 1.96、显著性水平（P）= 0.099 > 0.05，"众包创新绩效←激励机制"路径的临界比值（$C.R.$ 值）= 0.568 < 1.96、显著性水平（P）= 0.570 > 0.05，两条假设路径未达到拟合要求。依次删除上述两条路径后，再通过结构方程软件（AMOS17.0）对样本数据进行分析，计算出修正模型分析结果如表 5 - 19 所示，结构方程修正模型结果如图 5 - 6 所示。

表 5 - 19　　　　　　　　　　修正模型分析结果

假设路径	标准化路径系数	临界比值（$C.R.$ 值）	显著性（P）
知识获取←知识多样性	0.187	2.049	0.040
知识获取←沟通机制	0.347	3.519	***
知识获取←激励机制	0.314	2.706	0.007
众包创新绩效←知识获取	0.455	4.389	***
众包创新绩效←知识多样性	0.358	3.510	***

拟合指标	卡方值（χ^2）	自由度（df）	显著性（P）	规范卡方（χ^2/df）	近似误差均方根（$RMSEA$）
具体指标	211.208	127	0.000	1.663	0.056

拟合指标	拟合优度指数（GFI）	规范拟合指数（NFI）	比较拟合指数（CFI）
具体数值	0.896	0.855	0.936

从表 5 - 19 和图 5 - 6 可以看出，修正模型的卡方值（χ^2）为 211.208，自由度（df）为 127，比初始模型的卡方值（χ^2）增加了 4.526。规范卡方值（χ^2/df）为 1.663 < 2，满足适配度指标值。模型的近似误差均方根（$RMSEA$）值为 0.056，小于 0.08；比较拟合指数（CFI）值为 0.936，大于 0.90，拟合

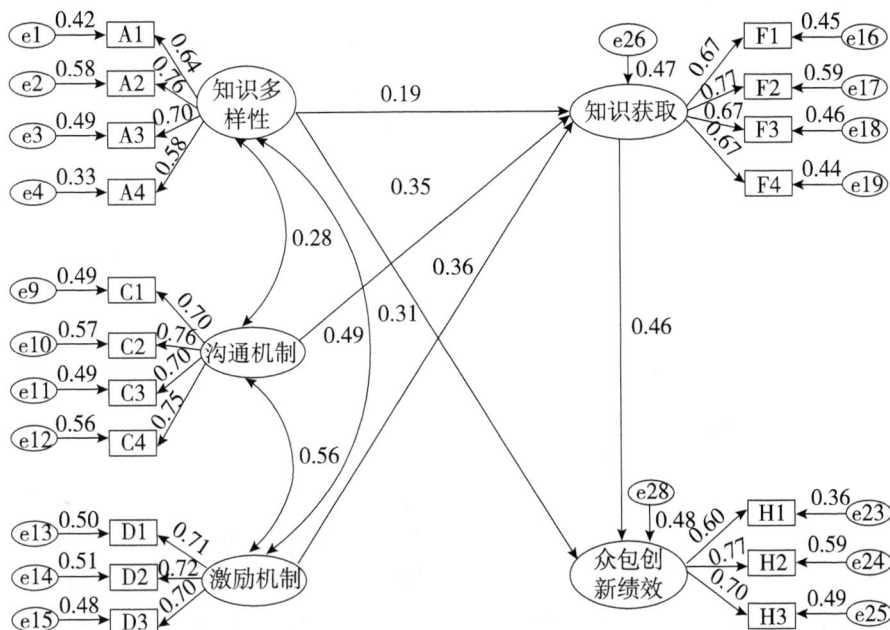

图 5 - 6　结构方程修正模型结果

注：图中数据经过四舍五入只保留了小数点后两位。

优度指数（*GFI*）和规范拟合指数（*NFI*）值分别为 0.896 和 0.855，接近于 0.90。修正模型仍不够完善，有待进一步修正。经检查修正指标值表 5 - 20 发现，如果增加 e18 与 e19 之间的共变关系，将减少 7.172 的卡方（χ^2）值，F3 表示任务发布方在与任务接包方来往过程中获取了创新管理方面的知识，F4 表示任务发布方在与任务接包方来往过程中获取的营销管理方面的诀窍，F3 与 F4 之间存在共变关系，因而可以增加 e18 与 e19 之间的共变关系。

表 5 - 20　　　　　　　　　　修正指标值

	修正指数（*M. I.*）	平均改变值（*Par Change*）
e18↔e19	7.172	0.080
e16↔e19	4.382	− 0.061
e13↔e25	6.579	− 0.075
e14↔e28	5.824	− 0.052
e15↔e28	5.749	0.043
e11↔e23	4.300	0.062

	修正指数（*M. I.*）	平均改变值（*Par Change*）
e11↔e14	5. 161	− 0. 085
e1↔e9	4. 288	0. 059
e3↔e26	4. 698	0. 053

最终修正模型分析结果如表 5 - 21 所示，结构方程最终修正模型结果如图 5 - 7 所示。拟合指标显示，卡方值（χ^2）为 202. 248、自由度（*df*）为 126，比初始模型的卡方值（χ^2）减少了 4. 434。规范卡方值（χ^2/df）为 1. 605 < 2，满足适配度指标值；近似误差均方根（*RMSEA*）为 0. 053，小于 0. 08；比较拟合指数（*CFI*）为 0. 942，拟合优度指数（*GFI*）为 0. 900，均大于 0. 9；规范拟合指数（*NFI*）值也接近 0. 9。所有潜在变量和观察变量之间的标准化路径系数都在 0. 5 以上，所有内生潜在变量和外生潜在变量之间的临界比值（*C. R.* 值）大于 1. 96 的参考临界值，至少在显著性水平（*P* = 0. 05）上具有统计显著性。由此可见，修正模型拟合良好且比初始模型有所改善，已无进一步修正必要。分析结果显示，除假设 H6 和 H7 外，其余假设得到有效验证。

表 5 - 21　　　　　　　　　最终修正模型分析结果

假设路径	标准化路径系数	临界比值（*C. R.* 值）	显著性（*P*）
H1 知识获取←知识多样性	0. 209	2. 262	0. 024
H2 知识获取←沟通机制	0. 350	3. 531	***
H3 知识获取←激励机制	0. 306	2. 631	0. 009
H4 众包创新绩效←知识获取	0. 466	4. 398	***
H5 众包创新绩效←知识多样性	0. 344	3. 364	***

拟合指标	卡方值（χ^2）	自由度（*df*）	显著性（*P*）	规范卡方（χ^2/df）	近似误差均方根（*RMSEA*）
具体数值	202. 248	126	0. 000	1. 605	0. 053

拟合指标	拟合优度指数（*GFI*）	规范拟合指数（*NFI*）	比较拟合指数（*CFI*）
具体数值	0. 900	0. 862	0. 942

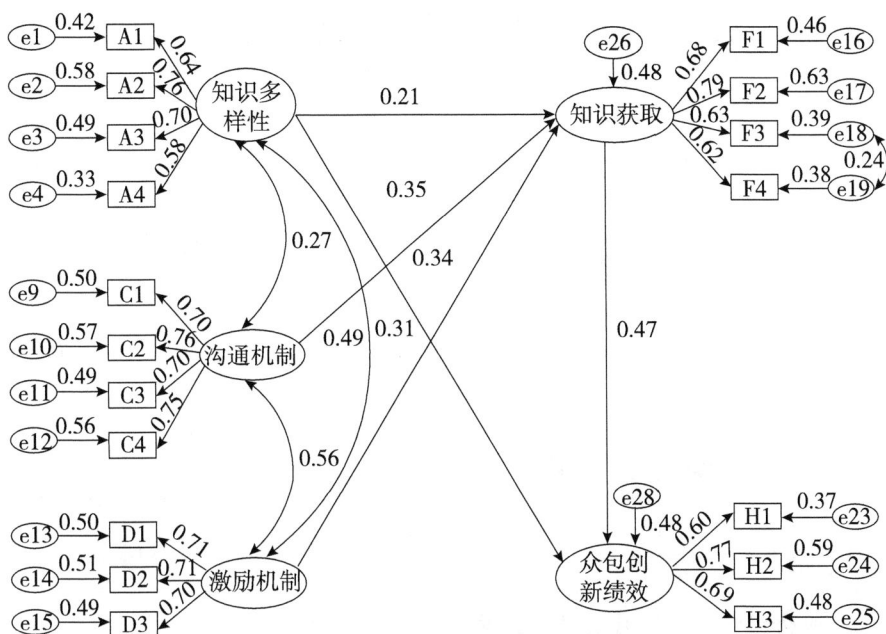

图 5 - 7 结构方程最终修正模型结果

注：图中数据经过四舍五入只保留了小数点后两位。

5.3.10 直接效果、间接效果与总效果分析

通过分析内生潜在变量和外生潜在变量之间的标准化路径系数，得到各潜在变量间的直接效果、间接效果和总效果，为验证理论假设"知识获取在知识获取前因与众包创新绩效之间起中介作用"是否成立，分析结果如表 5 - 22 所示。

在 5.3.9 节模型修正中"众包创新绩效←沟通机制""众包创新绩效←激励机制"两条假设路径因临界比值（*C.R.* 值）小于 1.96 而被删除。因此，沟通机制、激励机制对众包创新绩效的直接效果为 0。在间接效果分析中，沟通机制、激励机制对众包创新绩效的间接效果分别为 0.163 和 0.143，表明沟通机制和激励机制通过知识获取的中介作用间接影响众包创新绩效。并且，知识多样性对众包创新绩效的总效果为 0.441，通过知识获取增加了 0.097。由上述分析可知，在知识多样性、沟通机制、激励机制对众包创新绩效影响的过程中，知识获取起到了中介作用。其中，在知识多样性对众包创新绩效的影响过程中起部分中介作用；在沟通机制、激励机制对众包创新绩效的影响过程中起完全中介作用，且中介效果明显，H8 得到验证。

表 5-22　　　　　　　直接效果、间接效果和总效果分析结果

效果类型	潜变量	知识多样性	沟通机制	激励机制	知识获取
直接效果	知识获取	0.209	0.350	0.306	——
	众包创新绩效	0.344	0.000	0.000	0.466
间接效果	知识获取	——	——	——	——
	众包创新绩效	0.097	0.163	0.143	0.000
总效果	知识获取	0.209	0.350	0.306	——
	众包创新绩效	0.441	0.163	0.143	0.466

5.4　结果讨论与管理启示

5.4.1　结果讨论

1. 双边视角下知识获取前因对知识获取的影响

双边视角下知识获取前因对知识获取的影响存在一定差异。实证分析结果显示，双边视角下的知识多样性、沟通机制和激励机制对知识获取均有显著正向影响，其中任务接包方知识多样性对知识获取的正向影响相对较小。由此可见，任务发布方视角下的沟通机制和激励机制，是影响知识获取的主要途径。虽然接包方拥有多样化的知识，更愿意挑战新的创新任务和解决新问题，但设计恰当的激励机制和沟通机制，才能更有效地促进知识分享，提升创新绩效。

2. 知识获取对众包创新绩效的影响

知识获取对众包创新绩效有显著正向影响。实证分析结果显示知识获取对众包创新绩效的正向影响相对较大。由此可见，众包创新的本质为任务接包方知识的有效获取和创新运用。但已有研究往往偏重于关注基于任务接包方行为对众包创新绩效的影响，而忽视了知识获取对众包创新绩效的本质作用。因此，充分利用众包平台，从任务接包方处获取知识，带来有利于创新的异质资源，是任务发布方提升众包创新绩效的重要战略选择。

3. 双边视角下知识获取前因对众包创新绩效的影响

双边视角下知识获取前因对众包创新绩效的影响存在一定差异。实证分析结果显示，知识多样性对众包创新绩效有显著的直接正向影响；沟通机制

和激励机制对众包创新绩效的直接影响未得到有效验证。知识获取在知识多样性与众包创新绩效关系中起部分中介作用，间接效应和总效应分别为 0.097 和 0.441；沟通机制和激励机制则以知识获取为完全中介而间接正向影响众包创新绩效，间接效应为 0.163 和 0.143。由此可见，双边视角下知识获取前因对众包创新绩效的积极作用，在较大程度上是通过促进知识获取来实现的。

5.4.2 管理启示

1. 不断吸引知识多样化的任务接包方

众包创新不仅要求任务接包方具备创新的激情，更需要具备多样化的知识，为任务发布方提供丰富的视角和创意，提高任务发布方知识获取的质量和创新绩效。具体而言，可从两个方面来吸引知识多样化的任务接包方：一方面，众包平台树立良好的品牌形象，完善管理体系，积极提升服务水平，提高任务接包方满意度；另一方面，众包平台应该深入了解接包方的参与动机和拥有的知识特性，提供匹配的创新任务推荐。

2. 高度重视沟通机制的完善

任务接包方与任务发布方的有效沟通，有利于接包方清晰理解任务发布方发布的创新任务，预防和解决众包中出现的障碍。同时任务发布方获取任务接包方知识，必须先克服知识的内隐性，而充分的沟通是获取各种知识最有效的机制。众包平台应高度重视沟通机制的完善，搭建顺畅的沟通渠道，通过众包网站、在线社区、即时通信工具等，尽可能地提高接包方的参与度，提升其积极性和创造性。

3. 积极建立匹配的激励机制

匹配的激励机制将在较高层次上，激发接包方的创新意识，充分发挥他们的创造力。任务发布方应建立多样化的激励方式，并确保激励的公正性。同时，在构建激励机制的过程中，不仅要考虑到激励本身，还要重视接包方相应的认同感。在激励方式的选择上，了解任务接包方的参与动机，采用内在、外在激励相结合的策略，提高任务接包方的创新参与意愿。

5.5 本章小结

本章结合扎根理论的研究成果，构建双边视角下知识获取对众包创新绩效作用机制概念模型，基于典型众包平台猪八戒网进行实证分析，探索知识获取及其前因对众包创新绩效的影响机制问题，实证结果表明：①双边视角下的知识多样性、沟通机制和激励机制对知识获取均有显著正向影响。②知识获取对众包创新绩效有显著正向影响。可见，实证研究结果也再次验证了众包创新的本质为，任务接包方相关知识的有效获取和创新运用。③知识获取的前因对众包创新绩效的影响存在一定差异。知识多样性对众包创新绩效有显著的直接正向影响，而沟通机制和激励机制对众包创新绩效的直接影响未得到有效验证，它们则是以知识获取为中介而间接正向影响众包创新绩效。

6 双边视角下众包创新关键用户知识源的识别研究

在众包创新环境下，由于参与用户的不确定性和创新任务的复杂性，如何从海量的参与用户中识别出能够胜任企业创新任务的关键用户知识源，成为提升众包创新绩效的关键。为此，部分学者开展了相关研究：弗雷等（Frey 等，2011）[7]认为组织应吸引知识丰富以及内部动机强的参与者；埃里克森等（Erickson 等，2012）[175]提出为提升创新绩效，需要实现组织需求与大众关键属性的匹配；盖格尔等（Geiger 等，2014）[19]构建了个性化任务推荐机制模型以实现用户与众包任务的匹配；塔拉索夫等（Tarasov 等，2014）[176]则认为众包模式中最大的挑战是识别不称职的工作者，提出采用动态评估方法识别可靠性参与者；叶等（Ye 等，2015）[177]提出运用情景感知信任模型可以识别众包中的欺骗性用户；埃默里等（Emery 等，2015）[178]提出了一种启发式算法来实现对参与用户的筛选；吕英杰等（2013）[179]建立了面向众包任务的知识型人才选择机制；刘景方等（2015）[93]分析了众包环境下人才所需要具备的能力，以避免用户盲目参与任务竞争。可见，上述研究成果对识别匹配创新任务的关键用户知识源具有重要指导意义，但相关研究大都基于单边视角（要么从用户视角，要么从企业视角出发）开展研究，缺乏对双边视角的考量。此外，相关实证研究也亟待加强。

因此，本章从供需双方知识匹配视角，通过分析众包创新关键用户知识源识别的必要性，从用户知识能力、双方参与意愿和创新任务水平三个维度构建关键用户知识源的识别体系，结合误差逆向传播神经网络（Back Propagation，BP 神经网络）算法的优势，构建了基于 BP 神经网络的关键用户知识源识别模型。结合国内众包平台——猪八戒网，利用网络爬虫软件随机抓取用户相关的数据开展实证研究。

6.1 众包创新关键用户知识源识别的必要性

众包创新模式下，企业将创新任务外包给外部网络用户，用户则通过开源生产或创新竞赛的形式参与创新。由于参与用户的知识、经验和能力并不总能保证满足任务创新需求，会产生用户的中标率低、参与积极性削弱的现象[180]。因此，识别匹配创新任务的关键用户知识源，对于提升用户参与热情和提高创新绩效十分关键。

从需求企业角度来说，众包模式的开放性和参与用户的不确定性等特征，导致众包创新任务的完成具有一定的不可控性。大众用户的知识储备、技术水平存在差异，使得提交的创新方案良莠不齐，导致企业对创新方案的筛选和评价工作十分繁重，效率低下[181]。此外，考虑到大众用户是利用业余时间来参与任务解决，存在不能按时提交或提交低质量创新方案的情况，会严重影响企业的创新进度和效率。

从参与用户层面分析，用户参与创新任务会投入大量时间、精力和知识，然而需求企业最后只会选取一个或几个最优方案，使得许多创新方案成为无效产出，会影响用户的参与意愿。此外，相关研究表明参与用户越多，参与用户的努力程度越低[182]。上述现象若得不到有效解决，会降低高知识水平的用户参与意愿，导致众包创新模式最终演变成低知识、低技能用户进行的低水平创新模式[183]。

从众包平台视角分析，众包平台的运行依赖众多供需双方的参与。如果缺乏有效的管理，众包平台会呈现出主流企业参与不足、大众用户参与减少的现象。究其原因，一方面，大众用户在多次参与众包任务后不能成功中标，丧失继续参与创新任务解决的积极性，成为"浏览型威客"或"流失型威客"；另一方面，任务发布企业花费了大量成本，而从众包平台中并不能获得满意的创新方案，导致企业逐渐失去对众包创新模式的信任，挫伤其参与的积极性。

可以看出，从众多的参与用户中筛选出满足创新任务要求的关键用户知识源，对提升众包创新效率、降低创新成本、提升用户参与意愿和减低众包平台风险等方面都具有重要作用[184]。

6.2 众包创新模式的关键用户知识源识别体系构建

从双边视角出发，构建基于用户知识能力、双方参与意愿和创新任务水平的三维度关键用户知识源识别体系，实现从海量的大众用户中识别出能胜任企业创新任务的关键用户，如图 6 – 1 所示。

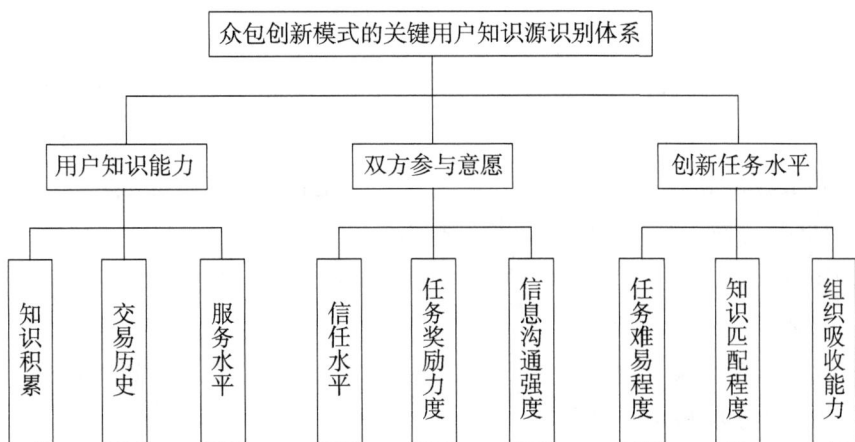

图 6 – 1 众包创新模式的关键用户知识源识别体系

1. 用户知识能力

结合众包创新模式的特征，主要从用户的知识积累、交易历史、服务水平方面考量。

（1）知识积累。每位用户都有自己独特的知识储备，面对不同的创新任务，用户的学习背景、工作经历、相关资历证书等都是判定用户能否胜任创新任务的重要指标。

（2）交易历史。杨等（Yang 等，2008）[185]通过统计国内众包网站——任务中国（Taskcn）上的数据发现，在历史任务中取得良好绩效的用户，在后续参与的任务中也会取得较好绩效。用户的历史交易记录能够反映出用户的专业知识和能力水平，是证明用户能否胜任企业创新任务的最准确信息之一。实践表明，运用用户参与的创新任务、中标数量及中标金额等指标，可以衡量用户的知识能力。

（3）服务水平。众包创新作为一种知识生产服务模式，大众用户在整个服务过程中的表现也是衡量用户知识能力的重要指标。从服务态度、工作速度以及任务完成质量等方面对用户的服务水平进行评价，可以获取用户参与创新任务的态度以及完成创新任务的努力程度。

2. 双方参与意愿

由于众包创新模式的组织形式较为开放、分散，参与者自由自愿，所以双方的参与意愿是识别关键知识源的重要指标。主要从信任水平、任务奖励力度和信息沟通强度三个维度进行分析。

（1）信任水平。对于知识交易模式，信任是双方合作的基础。网络环境的虚拟性、信息不对称性等因素，会导致参与众包创新活动的供需双方缺乏信任，进而降低参与意愿。实践中，为增进参与双方的相互信任，众包平台一方面需要加强对任务发布者的认证审核和资金托管；另一方面需要建立信用评估体系，对用户的诚信水平进行测评。

（2）任务奖励力度。通过对创新中心（InnoCentive）网站上中标参与者的相关研究，发现其参与动机主要是获得酬金和满足感[148]。王丽伟等（2014）[51]也发现奖励金额越大，参与用户越多。因此，任务奖励力度是影响供需双方参与意愿的重要因素之一。

（3）信息沟通强度。与常规性任务相比，创新性任务更加复杂，任务发布者在进行任务描述时可能难以将期望的结果准确表达出来。而用户参与众包创新表达的是个体隐性知识，因此，为实现知识的有效转移，参与双方良好的信息沟通十分关键。

3. 创新任务水平

任务难易程度、知识匹配程度和组织吸收能力是衡量创新任务水平的三个主要维度。

（1）任务难易程度。郑等（Zheng等，2011）[186]的研究表明，创新竞赛任务应该高度自主、明确具体，不能过于复杂且多样化。通过对任务描述的分析，可获知任务的难易程度。详细的任务描述可以使用户快速判别自身的能力是否满足任务需求[187]。大多数用户都是利用空闲时间参与众包创新，由于个人能力、时间和相关资源等的限制，任务的难易程度是影响用户参与意愿和任务完成效果的关键因素。

（2）知识匹配程度。企业对创新任务的描述实质是企业知识缺口的外在化表现，采用众包创新模式，主要原因就是企业内部知识难以满足创新需求。

因此，需求企业需要获取与企业内部先验知识结构匹配的知识源，内外知识源匹配程度越高，创新效果越明显。

（3）组织吸收能力。有学者通过研究戴尔公司的创意风暴社区（Idea-Strom）发现戴尔公司对创意的采纳与否很大程度上取决于自身的吸收能力[188]。企业只有将外部用户知识整合到企业内部知识结构中，才能发挥用户知识的最终价值。因此，组织的吸收能力是影响众包创新绩效的重要因素之一。

6.3 基于 BP 神经网络的关键用户知识源识别方法

6.3.1 BP 神经网络的基本原理

BP 神经网络是基于误差反向传播算法的多层前馈神经网，其结构由输入层、隐含层和输出层构成，每层又由若干神经元组成。由于 BP 神经网络及其算法增设了中间隐含层而且有相应的学习规则可循，使其对非线性模式具有良好的识别能力，具体算法描述如下[189]。

1. 正向传播阶段

（1）输入节点的输入：x_i

（2）隐含节点输出模型：

$$y_i = f(\sum_{i=1}^{m} w_{ij}x_i + \theta_j) \qquad (6-1)$$

式中，f 为非线性作用函数，w_{ij} 为连接权值，θ_j 为节点阈值。

（3）输出节点输出模型：

$$O_l = f(\sum_{j=1}^{m} v_{jl}y_i + \varphi_l) \qquad (6-2)$$

式中，f 为非线性作用函数，v_{jl} 为连接权值，φ_l 为节点阈值。

（4）作用函数一般采用 S 形生长曲线（Sigmoid）函数，其定义如下：

$$f(t) = \frac{1}{1-e^{-x}} \qquad (6-3)$$

2. 反向传播阶段

在反向传播阶段，误差信号由输出端开始逐层向前传播，并沿误差函数负梯度方向对网络权值进行修正。设 $\Delta v(t)$ 为输出层连接权值修正量，则：

$$\Delta v_{jl}\ (t)\ = \frac{\partial\ E(t)}{\partial\ v_{jl}\ (t)} = [O_l^{'}\ (t)\ - O_l\ (t)]\{O_l\ (t)\ [1-O_l\ (t)]\}y_j\ (t)$$

$$(6-4)$$

式中，$E\ (t)\ = \frac{1}{2}\ [O_l^{'}\ (t)\ - O_l\ (t)]^2$ 为误差函数，$O_l^{'}\ (t)$ 为期望输出。

因此，修正后的输出层连接权值为：

$$v_{jl}\ (t+1)\ = v_{jl}\ (t)\ - \eta\Delta v_{jl}\ (t) \qquad (6-5)$$

式中，η 为步长或学习修正率。

同理，隐含层连接权值修正量 $\Delta w_{ij}\ (t)$ 为：

$$\Delta w_{ij}\ (t)\ = \frac{\partial\ E\ (t)}{\partial\ w_{ij}\ (t)} = - [O_l^{'}\ (t)\ - O_l\ (t)]$$

$$\{O_l\ (t)\ [1-O_l\ (t)]\}\{v_{jl}\ (t)\ [1-y_j\ (t)]\}x_i\ (t) \qquad (6-6)$$

修正后的隐含层连接权值为：

$$w_{ij}\ (t+1)\ = w_{ij}\ (t)\ - \eta\Delta w_{ij}\ (t) \qquad (6-7)$$

由于一个三层 BP 网络即可实现任意精度和近似任何连续函数。因此，本章构建一个三层 BP 神经网络以实现众包创新模式关键用户知识源的识别。由于识别体系有 9 个指标，该网络的输入层神经元个数则为 9；模型构建的目的是用于判别参与用户是否为关键用户知识源，即输出层神经元个数为 2。

对于隐含层神经元个数，可参考经验公式计算：

$$h = \sqrt{m+n} + c \qquad (6-8)$$

式中，m 为输入层神经元个数，n 为输出层神经元个数，c 是介于 1 ~ 10 的常数。由公式可知隐含层神经元个数在 5 ~ 14，利用逐步回归分析法并进行参数的显著性检验动态删除一些线性相关的神经元，最终确定隐含层包含 12 个神经元时效果最佳。因此，模型采用的 BP 网络结构为 9 - 12 - 2，如图6 - 2 所示。

6.3.2 基于 BP 神经网络的关键用户知识源识别过程

依据上述对网络模型的结构设计，采用 BP 神经网络对众包创新模式关键用户知识源识别的步骤如下：

（1）根据众包创新模式关键用户知识源识别体系，对参与用户的信息进

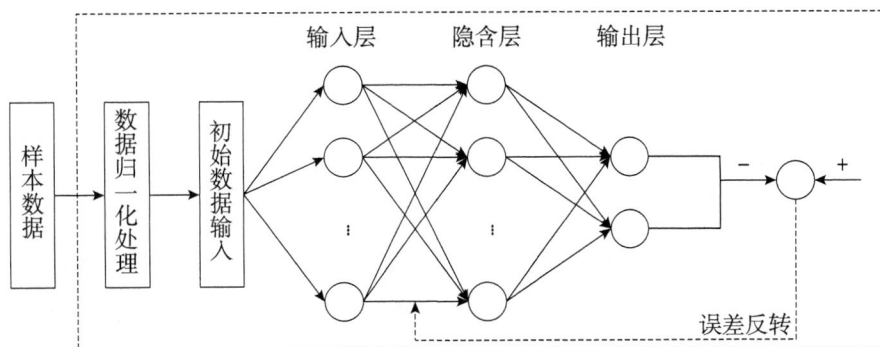

图 6 - 2　BP 神经网络结构

行收集和处理；

（2）构造 BP 神经网络模型，输入层节点为 9 个，隐含层节点为 12 个，输出层节点为 2 个，并对网络进行初始化；

（3）将步骤（1）处理后的数据进行归一化处理，输入到 BP 神经网络中，选取大量样本数据，利用 BP 神经网络自适应学习算法训练网络，确定各层的权重和阈值；

（4）将测试集输入到训练好的网络中，通过期望输出和实际输出的比较，评价 BP 神经网络输出结果的准确率，以衡量关键用户知识源识别体系的有效性；

（5）若测试成功，则构建的 BP 神经网络模型可作为众包创新模式的关键用户知识源识别方法。若不成功，则需对构建的网络模型和样本数据进行检查和完善，开展网络的重新训练和测试。

6.4　实证研究

近几年，国内众包模式（又称威客模式）获得快速发展，涌现出上百家众包平台：有迈向国际市场的猪八戒网，有主打智力服务平台的百脑汇威客网，有提供无偿服务的一品威客等。本书选取中国最大的创意服务交易平台——猪八戒网（www.zbj.com）开展实证研究。2015 年 6 月 16 日，猪八戒网获得赛伯乐集团、重庆北部新区 26 亿元人民币的新一轮投资，获得融资后的猪八戒网估值可能超百亿元，未来极有可能成为和百度、腾讯、阿里巴巴一样的千亿级平台。截至 2016 年 5 月 20 日，猪八戒网的悬赏总额达 1860 亿元，交易量突破 485 万元，注册服务商超过 1366 万名。猪八戒网的服务范围涉及创意服务、生活服务和商业服务等领域，按照经营业务可以分成八戒悬赏、八戒众邦、猪标局、八戒到家、八戒工程等板块。

6.4.1　评价对象和数据收集

根据研究问题的必要性和数据的可获取性，选取猪八戒平台上的创意类任务进行实证研究。从猪八戒网的案例库中随机挑选了三个案例：VXPLO 互动大师 5 万元重奖征集微信互动网页设计；帝友万元重金悬赏个人对个人（Peer to Peer，P2P）网贷系统产品页面设计；树熊无线网络（WiFi）商家移动商铺设计大赛。三个案例创新任务的具体信息如表 6 - 1 所示。像淘宝店铺一样，猪八戒网也为平台用户提供了一个进行能力展示的"服务店铺"，在用户个人店铺里，可以获得用户的基本信息、擅长的技能以及交易记录等信息。

表 6 - 1　　　　　　　　　　**三个案例创新任务的具体信息**

创新任务	任务类型	交易模式	任务期限	悬赏金额（元）	获得方案数量（个）
VXPLO 互动大师 5 万元重奖征集微信互动网页设计	网站 UI 设计	比稿	2014.08.25—2014.10.10	50000	81
帝友万元重金悬赏 P2P 网贷系统产品页面设计	网站 UI 设计	比稿	2014.08.01—2014.09.30	36500	30
树熊 WiFi 商家移动商铺设计大赛	软件界面设计	比稿	2014.03.26—2014.04.25	10000	59

依据构建的识别体系和众包平台提供的相关信息，进行如下数据收集。

在平台上采集参与用户的"学习经历"和"工作经历"信息来表征用户的"知识积累水平"；查询用户参与同类型任务的"中标数"和"中标金额"表征用户的"交易历史"情况；在平台上采集用户在完成历史任务过程中获得完成质量、工作速度和服务态度的相应评价得分来表征参与用户的"服务水平"；在平台上抓取能力等级数好评率及综合评分的信息表征参与用户的

"信任水平";将本次任务的奖励金额与以往历史任务中获得的平均中标金额进行比较表征任务的"奖励力度";通过获取参与用户发送的"站内信"的条数来表征"信息沟通强度";请专家从任务的大小、复杂程度和创新要求等方面评估"任务难易程度";请专家对用户知识类型与企业的知识需求之间的相关性进行评估,获得"知识匹配程度";请专家对任务发布企业的组织吸收学习能力进行评估,如企业的信息化水平、员工的学习积极性等,从而获得"组织吸收学习能力"情况。具体的评价依据如表6-2所示。

表6-2　　　众包创新模式关键用户知识源识别指标的评价依据

一级指标	二级评价指标	具体评价依据
用户知识能力	知识积累（a1）	包括学习经历和工作经历等
	交易历史（a2）	同类型任务的中标数量及中标金额
	服务水平（a3）	雇主对用户任务完成的质量、工作速度与服务态度的评价
双方参与意愿	信任水平（b1）	包括用户的能力等级、获得的好评率及综合评分
	任务奖励力度（b2）	相比之前完成的同类型任务该任务的奖励大小
	信息沟通强度（b3）	与雇主沟通的信息条数
创新任务水平	任务难易程度（c1）	包括任务的大小、复杂程度和创新要求
	知识匹配程度（c2）	用户知识与企业需求间的匹配程度
	组织吸收学习能力（c3）	包括企业信息化水平、员工学习积极性等方面

对于可以在猪八戒网上获取的指标数据,运用爬虫软件（GooSeeker）从参与用户的店铺中直接进行抓取。而任务奖励力度、任务难易程度、知识匹配程度和组织吸收能力等定性指标则通过相关专家进行指标值的确定。上述任务共收到170份交稿作品,由于允许同一用户多次交稿,实际有112位大众用户参与,其中信息不全的用户数据为14条,最终有效数据为98条,如表6-3所示（详细数据见附录2）。

对原始数据进行无量纲化处理,做如下设定。

（1）知识积累指标:将专科、本科、硕士分别赋值为1、2、3。将学历的赋值与工作经验年数的乘积作为知识积累的指标值;

表 6 – 3 参与创新任务的大众用户指标数据

编号	用户指标	用户知识能力			双方参与意愿			创新任务水平			中标情况
		a1	a2	a3	b1	b2	b3	c1	c2	c3	
1	袋子UI	专科；3年工作经验	中标60次；金额34281.40元	(4.89, 5, 4.89)	猪七戒；100%；4.93	低	5条	复杂	不相关	强	淘汰
2	凡超信息	硕士；4年工作经验	中标55次；金额189102元	(4.98, 4.96, 4.98)	猪八戒；100%；4.98	持平	8条	一般	相关	强	淘汰
3	心路科技	本科；10年工作经验	交易59次，金额41189.63元	(5, 4.97, 4.97)	猪七戒；100%；4.98	高	6条	简单	高度相关	一般	三等奖
…	……	……	……	……	……		……	……	……	……	……
97	线上飘红	本科；11年工作经验	交易30次；金额28182元	(4.68, 4.77, 4.58)	猪八戒；93%；4.68	高	0条	复杂	不相关	一般	淘汰
98	木米设计	硕士；2年工作经验	交易20次；金额18748元	(4.86, 4.86, 4.86)	猪五戒；100%；4.86	低	10条	一般	相关	弱	四等奖

（2）交易历史指标：用平均中标金额作为该指标取值；

（3）服务水平指标：用"完成质量""工作速度"和"服务态度"三项得分的平均值作为服务水平指标取值；

（4）信任水平指标：用"能力等级""好评率"及"综合评分"三者取值的乘积作为用户信任水平得分；

（5）信息沟通强度指标：以用户发送"站内信"的条数表征信息沟通强度，信息条数越多，表明信息沟通强度越高；

（6）其他指标：根据专家的评价结果进行相应的赋值，任务奖励力度分为三个等级：低、持平、高三个等级；任务难易程度划分成简单、一般和复杂三个等级；知识匹配程度划分成不相关、相关、高度相关三个等级；组织吸收能力划分成弱、一般和强三个等级；对应的各等级的取值范围分别为：0~0.3；0.3~0.7；0.7~1；用1代表中标用户，用0代表淘汰用户。

经过处理，表6-3中的原始信息转化成了如表6-4所示的数据。

表6-4 经处理后的参与创新任务的大众用户指标数据

编号	用户指标	用户知识能力			双方参与意愿			创新任务水平			中标情况
		a1	a2	a3	b1	b2	b3	c1	c2	c3	
1	袋子UI	3	572	4.93	34.51	0.3	5	0.8	0.3	0.8	0
2	凡超信息	12	3438	4.97	39.84	0.5	8	0.6	0.5	0.8	0
3	心路科技	20	698	4.98	34.86	0.8	6	0.2	0.9	0.5	1
…	…	…	…	…	…	…	…	…	…	…	…
97	线上飘红	22	939	4.67	34.82	0.9	0	0.9	0.3	0.5	0
98	木米设计	6	937	4.86	24.3	0.3	10	0.4	0.9	0.3	1

6.4.2 BP 神经网络训练与测试

在对数据进行归一化处理的基础上，选取88条数据作为样本对上文构建的神经网络模型进行训练，选取10条数据进行测试，以验证模型的可行性和有效性。采用软件（Matlab）进行训练的具体代码如下。

bpaa = newff（B，[12，2]，{'logsig'，'logsig'}，'traingdx'，'learngdm'）;%建立 BP 神经网络，12 个隐层神经元，2 个输出神经元

bpaa. trainParam. epochs = 6000;%允许最大训练步数 6000 步

bpaa. trainParam. goal = 0. 005;%训练目标最小误差 0. 005

bpaa. trainParam. show = 50;%每间隔 50 步显示一次训练结果

bpaa. trainParam. lr = 0. 2;%学习速率 0. 2

bpaa = train（bpaa，C，D）;%训练网络

F = sim（bpaa，E）;%F 行向量表示判别项，列向量表示数量，E 行表示元素特征，列表个数

网络训练4680步之后，误差达到期望误差，网络收敛效果较好，误差曲线变化如图6-3所示。

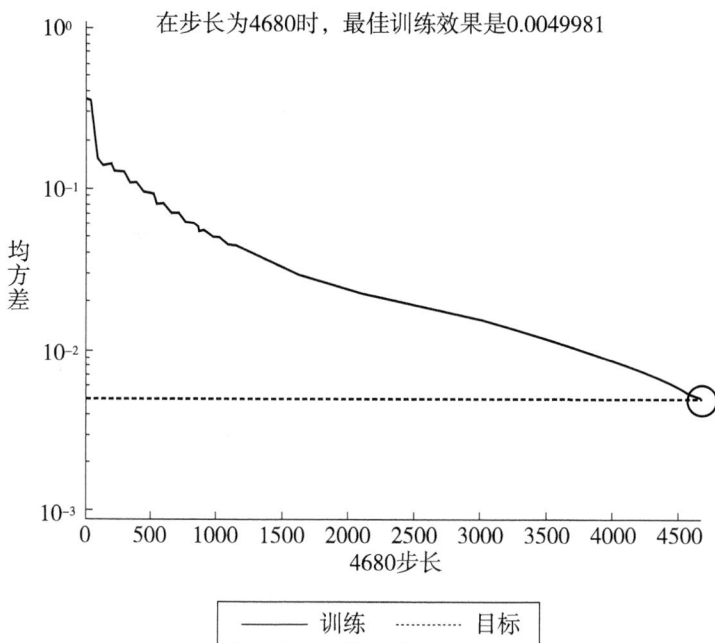

图 6 - 3　BP 神经网络训练误差曲线变化

将 10 组测试样本输入训练好的网络模型中进行测试，模型输出结果如表 6 - 5 所示，其中，（1，0）代表中标用户，（0，1）代表普通用户。

表 6 - 5　　　　　　　　BP 神经网络模型检测结果

	1	2	3	4	5	6	7	8	9	10
期望输出	(0, 1)	(0, 1)	(1, 0)	(0, 1)	(1, 0)	(0, 1)	(1, 0)	(0, 1)	(1, 0)	(0, 1)
实际输出	(0.0369, 0.9564)	(0.0998, 0.9008)	(0.4697, 0.5157)	(0.1684, 0.8320)	(0.9885, 0.0117)	(0, 1)	(0.8122, 0.1875)	(0, 1)	(0.9977, 0.0023)	(0.0077, 0.9923)

从检测结果发现，实际输出与期望输出之间的误差非常小，模型的准确识别率高达 90%，充分说明构建的 BP 神经网络模型具有较强的泛化能力，可广泛用于众包创新模式关键用户知识源的识别。

6.5　管理启示

基于对众包创新模式下的关键用户知识源识别，需求企业可以发掘与自身需求相匹配的用户知识源，用户则可以发现与自身知识和能力相符的创新任务。通过本研究，管理启示主要有以下三条。

（1）众包平台的运营模式亟须改善和提升。实践中的一些众包平台开始进行了相关尝试：猪八戒网众包平台将服务商分成普通服务商和签约服务商两类。普通服务商是没有任何特权的大众用户，而签约服务商是那些通过付费而享受猪八戒平台提供的多项服务的大众用户，比如享受订单优先派送、店铺排名更靠前、优先参加官方活动等特权；任务中国众包平台则提出"高级威客"服务业务，对于支付服务费用的威客，平台在原有作品保障服务基础上提供增值服务；时间财富网则推出了"贵宾（VIP）服务商"，根据缴纳的会员费的高低，将贵宾服务商分成黄金服务商、铂金服务商、钻石服务商、皇冠服务商。这些举措虽然在一定程度上提升了众包平台的运行效率，但取得的效果不是很明显。猪八戒网 2014 年 11 月曾推出"优选商城"平台，入驻的服务商享受类似签约服务商的特权，但该平台在运行 7 个月后就取消了。此外，通过对平台成功案例的调查，发现上述方式筛选出的服务商在很多时候不能提供满意的知识成果，例如本书的案例中猪八戒网给需求者推荐的签约服务商最后提交的创新作品都未获得中标。由此可见，国内很多众包平台尚未找到一种恰当方法以解决众包任务与用户知识源高效匹配的问题。因此，本研究的相关成果能够作为一种有效可行的工具，帮助企业从海量的大众用户中筛选出能够基本满足任务要求的关键知识源。当创新需求企业在众包平台上发布创新任务，众包平台可以首先让有意愿参与的大众用户进行报名参与；然后，根据关键知识源识别体系对参与的大众用户进行筛选，识别出能够满足企业需求的关键知识源，提升众包创新效率。

（2）针对识别出的关键知识源，众包平台一方面向需求企业进行推荐，使需求企业优先评审关键知识源的创新成果，以快速准确的获得满意结果，降低实施众包创新成本；另一方面众包平台也将该创新任务积极地推荐给那些识别出的关键知识源，以增强用户参与任务的主动性，提高其中标率。

（3）需求企业在发布任务时应对任务进行合理的设置并基于企业的知识

结构和组织的学习吸收能力有选择地进行知识获取，摒弃高奖励必得高质量方案的思想。众包参与者则应基于自身的知识和技术专长加强对任务的筛选，避免盲目地参与任务，提升自身参与任务的中标率。

6.6 本章小结

丰富的外部知识资源是企业实施众包创新战略的动力来源。众包创新在实践中出现创新效率低、参与双方积极性不强、提交方案的评估成本高等一些问题，其主要原因之一是参与用户的不确定性、知识来源的广泛性导致企业难以高效获取满意的创新方案。通过分析众包创新模式下关键用户知识源识别的必要性，从双边视角出发，构建了基于用户知识能力、双方参与意愿、创新任务水平三维度的关键用户知识源识别体系，提出基于 BP 神经网络的关键用户知识源识别方法，并以猪八戒网的创新任务为例，开展实证研究，验证了关键用户知识源识别体系和识别方法的可行性和有效性。

7 双边视角下众包创新知识获取的动态优化控制研究

在众包创新中，由于创新任务的复杂性及知识的"黏性"等特征，需要引导和激励用户持续参与众包创新，这就要求企业采取有效的控制策略确保知识持续获取以完成创新任务。而实践中，出现用户持续参与众包创新的意愿明显不足：巴尤斯（Bayus，2013）[3] 对戴尔的创意风暴众包社区（IdeaStorm Community）研究发现，85%的用户仅提交一个方案后就不再参与，而且随着时间的推移，提交的方案数量明显减少；杨等（Yang等，2008）[190] 对国内众包用户的调查结果显示，约 1/3 的用户在初始参与阶段就退出平台，89%的注册用户从未提交过创新方案。而用户的持续参与对实现良好的众包创新绩效十分关键，用户持续参与意愿越高，将会投入更多的精力，提交的方案质量也越高[3],[66],[67]。

为此，一些学者从内、外部参与动机等方面探索了众包创新中的用户持续参与问题，并提出了提升用户持续参与的相关措施。但由于众包创新模式具有参与者自由自愿、不确定性强等特征，驱动用户持续参与众包创新的因素十分复杂，需要从不同视角开展研究。本章结合关系营销理论、知识共享相关理论，界定众包创新中的知识承诺概念，分析知识承诺的驱动因素，构建众包创新的知识获取动态优化控制模型，利用动态优化控制理论进行求解，并通过灵敏度分析探讨知识获取的最优决策结果。以期为众包创新过程中有效引导用户持续参与提供理论决策支持。

7.1 用户持续参与众包创新与知识承诺

孙等（Sun等，2012）[9] 将众包平台视为完全开放的一种新型知识交易场所，企业（知识搜寻者）公布任务和奖励方案，用户（知识贡献者）则利用自身知识完成任务，并获得奖励。帕帕佐普洛卢等（Papadopoulou 等，2014）[132]认为传统上企业通过内部交流来保证知识共享和扩散，而众包创新以知识获取的方式，收集并整合外部分散的知识，为寻求问题的最优解决方案提供新途径。许等（Heo 等，2015）[131]则将众包创新定义为一种新的知识分享方式，企业充分利用组织外部不确定大众的群体智慧和知识，以构建网络、完成创新任务或创建知识库。可见，众包创新本质上是企业利用自身知识基，通过获取外部用户知识完成创新任务，而用户利用自身多样化和专业化的知识解决创新任务[191]。

因此，结合关系营销和知识共享相关理论[192~194]，可以认为：用户持续参与众包创新的过程，也就是用户持续分享自身知识、企业持续获取用户知识，参与双方建立知识承诺（Knowledge Commitment）的过程。在众包创新实践中，当企业发现获取外部用户知识解决创新任务所带来的收益大于自身学习成本和获取成本时，将建立一定的众包关系承诺，持续获取用户知识并向用户支付相应回报。用户通过将自身知识的分享成本与获益进行比较，满足其预期收益时，将承诺持续分享相关知识，以获取相应回报。可见，知识承诺是指用户和企业在众包创新模式中，为获取预期收益，在知识分享、获取及应用等方面对维持长期关系所做出的明确的或隐含的保证，包括两部分：用户知识承诺与企业知识承诺。参考相关文献，将影响知识承诺的关键因素总结如表 7-1 所示。

表 7-1　　　　　　　　　　知识承诺的相关影响因素

影响因素	相关学者
满意	邱等（Chao - MinC 等，2011）[73]；哈希姆等（Hashim K F 等，2015）[195]
信任	张等（Zhang Y 等，2010）[196]；方等（Fang Y H 等，2010）[197]；卡西米尔等（Casimir G 等，2012）[193]；贾恩等（Jain K K 等，2015）[198]；陈伟（Wei C，2016）[199]
感知公平	邱等（Chao - MinC 等，2011）（2011）[73]；法蒂玛等（Fatima A 等，2015）[200]

影响因素	相关学者
感知价值	博克等（Bock G W 等，2005）[194]；何等（He W 等，2009）[201]；商宪丽，王学东（2016）[202]
交流环境	贾恩等（Jain K K 等，2015）[198]
知识获取投入	阿布萨利赫等（Abu Saleh M 等，2014）[203]；张等（Chang W J 等，2015）[204]
机会主义倾向	严（Yen Y R，2009）[205]；陈等（Cheng J H 等，2013）[206]；阿布萨利赫等（Abu Saleh M 等，2014）[203]

从表 7-1 的文献梳理结果，结合众包创新模式的典型特征，从内部、外部两方面分析知识承诺的相关影响因素。从外部来看，众包企业在知识获取方面的投入对于众包双方的知识承诺水平有重要影响。对众包企业来说，企业的知识获取投入越大，对参与用户的知识获取效率和效果越高，企业的知识承诺水平越高；对参与用户来说，企业在诸如激励用户知识共享行为、对来自于用户知识的吸收等方面投入越多，众包参与用户就能得到不同的正向反馈[131][203]，用户的知识承诺水平越高。

知识承诺的内部影响因素可以从信任、感知价值和机会主义倾向三个方面进行分析。根据承诺—信任理论[195]，当知识交易的双方相互信任时，双方会建立长期承诺。众包创新以网络为载体，参与的企业和用户通常无法通过面对面的形式进行沟通，因此，信任对于众包创新过程的知识承诺建立有着重要影响，可以认为信任是知识承诺的关键驱动因素之一。当对众包企业产生较高水平的信任时，参与用户倾向于分享和贡献更多的知识，知识承诺水平也越高；当众包企业对参与用户具有较高的信任水平时，愿意花费更多的时间和费用去获取用户相关知识，其知识承诺水平也越高；根据客户忠诚理论[71]，感知价值是客户关系持续发展的关键因素之一。在众包创新模式下，只有参与用户和众包企业双方对参与众包带来的感知价值到达预期水平时，双方才会产生持续参与行为，建立较高水平的知识承诺。因此，可以认为感知价值满足水平是知识承诺的关键影响因素；此外，由于众包创新模式参与双方的自由自愿、组织形式相对分散、双方信息不对称性强等，易诱导参与双方的机会主义倾向行为。例如，在众包创新实践中，众包企业有时会私自留下用户的知识成果，而不对用户进行奖励；参与用户窃取其他用户的知识成果、随意提交劣质方案等行为会损害企业利益，上述行为不利于参与双方知识承诺的建立，可以看出，机会主义倾向是负向影响知识承诺的关键因素。

7.2 问题描述与假设

用户持续参与众包创新的本质是，企业与参与用户建立和维持一种长期的知识共享承诺，承诺双方通过在知识产生、知识交互、知识整合和知识反馈等方面的投入，最终达到企业获取有效的创新任务解决方案、用户获取预期收益的目的。但众包创新过程中的知识转移与传统模式存在较大差异：参与众包成员不具有约束性，即使开始参与也存在中途放弃的可能性，其知识流向具有较强的动态性；众包创新一般基于虚拟社区平台开展，知识转移具有跨越时间与空间等特性，难度较大；创新任务复杂多样，需要具有与企业互补性的匹配知识源，知识黏性特征明显。上述特征决定了企业要付出大量的努力，花费大量的投入引导和激励用户持续参与，确保知识的持续获取以完成创新任务。

基于上述分析，把问题描述为：参与众包创新的双方为获取各自收益（不仅包括经济利益），承诺进行知识共享的持续投入，但由于众包创新的组织形式松散、参与者自由自愿、创新任务复杂多样等特性，在众包创新过程中，参与双方存在一定的机会主义倾向。为获取有效的创新任务解决方案和最大化商业价值，企业应该寻求一种怎样的最优知识获取投入策略。基于此，将用户持续参与众包创新的过程描述为参与双方的知识承诺维持过程，提取驱动知识承诺的四个关键因子：信任水平、感知价值满足水平、知识获取投入水平和机会主义倾向，可以构建用户持续参与众包创新的动态控制决策模型，把问题转化为企业在众包创新过程中对知识获取投入的优化控制问题。考虑到建模的方便，做出以下假设。

（1）四个驱动因子对知识承诺的贡献可以相互补偿。例如，若用户的机会主义倾向较高，可提升知识获取方面的投入或感知价值满足水平来补偿[207~210]；若企业的感知价值满足水平较低，可提高信任水平或增加知识获取的投入来补偿[211~213]。

（2）一般来说，在众包创新的整个价值链中，企业占主导地位。相对于参与用户来说，企业有更大的参与意愿，愿意付出更大的努力引导用户参与。但考虑到众包创新模式强调参与双方自由自愿特征，众包创新参与双方角色对等。

7.3 模型构建及求解

根据上述分析，可以构建参与用户持续参与众包创新的动态决策模型。

（1）目标函数：

$$\max_{u} \int_{0}^{+\infty} e^{-rt} \left(f\left(x_1, x_2, u\right) - C\left(u\right) \right) \mathrm{d}t \qquad (7-1)$$

（2）系统方程：

$$\begin{cases} \dot{x}_1 = -\beta_1 x_1 + \left(\theta_1 + \gamma_1\right) x_2 + \alpha_1 u \\ \dot{x}_2 = -\beta_2 x_2 + \left(\theta_2 + \gamma_2\right) x_1 + \alpha_2 u \end{cases} \qquad (7-2)$$

（3）初始条件：

$$x_1\left(0\right) = 0, \ x_2\left(0\right) = 0 \qquad (7-3)$$

（4）状态约束条件：

$$x_1\left(t\right) > 0, \ x_2\left(t\right) > 0 \qquad (7-4)$$

（5）参数约束变量：$\alpha_i = \alpha_i\left(t\right) > 0$，$\beta_i = \beta_i\left(t\right) > 0$，$\theta_i = \theta_i\left(t\right) > 0$，$\gamma_i = \gamma_i\left(t\right) > 0$，$i \in \{1, 2\}$，且当 $0 \leqslant t \leqslant \infty$ 时，它们都是有界函数。

目标函数是指众包企业采取最优的知识获取投入 u^*，获取最大化的商业价值。这里的商业价值包括在整个众包关系维持的生命周期内，用户所提供的创新任务解决方案给企业带来的收益，可以看出不仅仅包括经济利益，还包括企业声誉度提升、引导变革等无形收益[214]。$f\left(x_1, x_2, u\right)$ 是众包企业的收益函数，$C\left(u\right)$ 表示企业在众包创新过程中用于知识获取的相关成本。r 为贴现系数。

系统方程组中两个方程分别代表众包企业和参与用户的知识承诺状态方程。$x_1 = x_1\left(t\right)$，$x_2 = x_2\left(t\right)$ 分别代表众包企业和参与用户在时刻 t 的知识承诺水平。随着时间的推移，参与众包创新的企业和用户各自的知识承诺水平，由 $x_1\left(0\right) = 0$，$x_2\left(0\right) = 0$ 变为 $x_1\left(t\right) > 0$，$x_2\left(t\right) > 0$。此时表明参与用户愿意持续参与和持续分享知识，而众包企业愿意为获取参与用户相关知识完成创新任务进行相关投入。双方的知识承诺水平主要由三部分组成。

第一部分为 $-\beta_i x_i$，$i \in \{1, 2\}$，表示众包创新参与方 i 的机会主义倾向对自身知识承诺水平的影响，β_i 为机会主义倾向系数。β_i 的大小主要受自身特征和所处环境的影响，例如，众包企业的组织文化、虚拟社区平台功能完善程度、参与用户自身的价值观等。若外部环境制度规范、虚拟社区平台功能完善、众包企业文化与参与用户价值观相匹配，则双方的机会主义倾向较低。

第二部分为 $(\theta_i + \gamma_i) x_j$，$i, j \in \{1, 2\}$，$i \neq j$，称为参与方 i 对 j 知识承诺的反应函数。θ_i 的大小表示 i 对 j 的信任程度，众包用户与参与用户之间的相互信任是参与用户持续参与的关键，众包企业的声誉与反馈模式、参与用户的人文统计特征和等级是影响双方信任程度的重要因素。若 i 认为 j 值得信任，则 $\theta_i > 0$。γ_i 的大小则表示 i 对 j 的感知价值满足水平。无论是对众包企业采用众包模式的动机，还是对参与用户参与众包的动机的相关研究表明，双方参与众包创新时都想获取一定的收益，同时也会付出相应的成本，两者之间的比较结果（感知价值满足水平）是决定双方是否持续参与的重要因素。若参与方 i 认为通过众包创新，将能从 j 处获取预期的感知价值，则 $\gamma_i > 0$。

第三部分为 $\alpha_i u$，$j \in \{1, 2\}$，表示众包用户的知识获取投入在 t 时刻对自身和参与用户的知识承诺的影响，α_i 称为众包企业的知识获取投入对双方知识承诺的有效性系数。

可运用动态控制相关理论求解上述模型。为简化计算，做出如下假设[192]。

$$f(x_1, x_2, u) = c_u u + c_1 x_1 + c_2 x_2 + c_{12} x_1 x_2, \quad C(u) = \frac{1}{2} u^2$$

式中，c_u 表示众包用户的知识获取投入对收益的贡献系数；c_1，c_2 分别表示众包用户和参与用户的知识承诺对收益的贡献系数；双方的知识承诺存在交互作用，高水平的接包用户知识承诺会正向影响接包用户的知识承诺水平，且共同影响最终收益；c_{12} 表示双方知识承诺的交互影响对收益的贡献系数。

众包用户的最优知识获取投入为：

$$u^* = c_u + \begin{bmatrix} \alpha_1 & \alpha_2 \end{bmatrix} \left(A \begin{pmatrix} x_1 \\ x_2 \end{pmatrix} + B \right) \tag{7-5}$$

矩阵 A 满足如下的黎卡提（Riccati）代数等式[215]：

$$A\begin{pmatrix} \alpha_1^2 & \alpha_1\alpha_2 \\ \alpha_1\alpha_2 & \alpha_2^2 \end{pmatrix}A + A\begin{pmatrix} -\beta_1 & (\theta_1+\gamma_1) \\ (\theta_2+\gamma_2) & -\beta_2 \end{pmatrix} - \begin{pmatrix} (\beta_1+r) & -(\theta_2+\gamma_2) \\ -(\theta_1+\gamma_1) & (\beta_2+r) \end{pmatrix}$$

$$A + \begin{pmatrix} 0 & c_{12} \\ c_{12} & 0 \end{pmatrix} = 0 \tag{7-6}$$

B 满足如下等式:

$$B = \left[A\begin{pmatrix} \alpha_1^2 & \alpha_1\alpha_2 \\ \alpha_1\alpha_2 & \alpha_2^2 \end{pmatrix} - \begin{pmatrix} (\beta_1+r) & -(\theta_2+\gamma_2) \\ -(\theta_1+\gamma_1) & (\beta_2+r) \end{pmatrix} \right]^{-1} \left[-\begin{pmatrix} c_1 \\ c_2 \end{pmatrix} - A\begin{pmatrix} \alpha_1 c_u \\ \alpha_2 c_u \end{pmatrix} \right]$$

$$\tag{7-7}$$

证明:

由式 (7-1)、式 (7-2)、式 (7-3)、式 (7-4) 构造如下的哈密顿 (Hamilton) 函数:

$H(x_1, x_2, u, \lambda_1, \lambda_2) = f(x_1, x_2, u) - C(u) + \lambda_1 [-\beta_1 x_1 + (\theta_1+\gamma_1)x_2 + \alpha_1 u] + \lambda_2 [-\beta_2 x_2 + (\theta_2+\gamma_2)x_1 + \alpha_2 u] + \mu_1 x_1 + \mu_2 x_2$

其中，λ_1，λ_2 为伴随变量，并且与状态约束条件式 (7-4) 有关的伴随变量满足:

$$\mu_i = \begin{cases} \geqslant 0 & x_i(t) = 0 \\ = 0 & x_i(t) > 0 \end{cases}, i \in \{1,2\}$$

最优性必要条件为:

$$\frac{\partial H}{\partial u} = \frac{\partial f}{\partial u} - \frac{\partial C}{\partial u} + \lambda_1 \alpha_1 + \lambda_2 \alpha_2 = 0 \tag{7-8}$$

伴随方程为:

$$\dot{\lambda}_1 = r\lambda_1 - \frac{\partial H}{\partial x_1} = r\lambda_1 - c_1 - c_{12}x_2 + \lambda_1\beta_1 - \lambda_2(\theta_2+\gamma_2) - \mu_1 \tag{7-9}$$

$$\dot{\lambda}_2 = r\lambda_2 - \frac{\partial H}{\partial x_2} = r\lambda_2 - c_2 - c_{12}x_1 + \lambda_2\beta_2 - \lambda_1(\theta_1+\gamma_1) - \mu_2 \tag{7-10}$$

边界条件为:

$$\lim_{t\to\infty}\lambda_1 e^{-rt} = 0, \lim_{t\to\infty}\lambda_2 e^{-rt} = 0 \tag{7-11}$$

由式 (7-8) 得最优知识获取投入为:

$$u^* = c_u + \lambda_1\alpha_1 + \lambda_2\alpha_2 \tag{7-12}$$

若 $x_i(t) > 0$，并且由式 (7-9)、式 (7-10)、式 (7-11)、

式（7-12）可得：

$$\begin{pmatrix} \dot{x}_1 \\ \dot{x}_2 \\ \dot{\lambda}_1 \\ \dot{\lambda}_2 \end{pmatrix} = \begin{pmatrix} -\beta_1 & (\theta_1+\gamma_1) & \alpha_1{}^2 & \alpha_1\alpha_2 \\ (\theta_2+\gamma_2) & -\beta_2 & \alpha_1\alpha_2 & \alpha_2{}^2 \\ 0 & -c_{12} & (\beta_1+r) & -(\theta_2+\gamma_2) \\ -c_{12} & 0 & -(\theta_1+\gamma_1) & (\beta_2+r) \end{pmatrix}$$

$$\begin{pmatrix} x_1 \\ x_2 \\ \lambda_1 \\ \lambda_2 \end{pmatrix} + \begin{pmatrix} \alpha_1 c_u \\ \alpha_2 c_u \\ -c_1 \\ -c_2 \end{pmatrix} \begin{pmatrix} x_1(0)=0 \\ x_2(0)=0 \\ \lim\limits_{t\to\infty}\lambda_1 e^{-rt}=0 \\ \lim\limits_{t\to\infty}\lambda_2 e^{-rt}=0 \end{pmatrix} \qquad (7-13)$$

假设

$$\begin{pmatrix} \lambda_1 \\ \lambda_2 \end{pmatrix} = A\begin{pmatrix} x_1 \\ x_2 \end{pmatrix} + B \qquad (7-14)$$

$$A = \begin{pmatrix} a_{11} & a_{12} \\ a_{21} & a_{22} \end{pmatrix}, \quad B = \begin{pmatrix} b_1 \\ b_2 \end{pmatrix} \qquad (7-15)$$

因此，

$$u^* = c_u + \begin{bmatrix} \alpha_1 & \alpha_2 \end{bmatrix}\left(A\begin{pmatrix} x_1 \\ x_2 \end{pmatrix} + B \right) \qquad (7-16)$$

将式（7-15）带入式（7-14）中，得：

$$\left[A\begin{pmatrix} \alpha_1{}^2 & \alpha_1\alpha_2 \\ \alpha_1\alpha_2 & \alpha_2{}^2 \end{pmatrix}A + A\begin{pmatrix} -\beta_1 & (\theta_1+\gamma_1) \\ (\theta_2+\gamma_2) & -\beta_2 \end{pmatrix} \right]\begin{pmatrix} x_1 \\ x_2 \end{pmatrix} + A\begin{pmatrix} \alpha_1{}^2 & \alpha_1\alpha_2 \\ \alpha_1\alpha_2 & \alpha_2{}^2 \end{pmatrix}B +$$

$$A\begin{pmatrix} \alpha_1 c_u \\ \alpha_2 c_u \end{pmatrix} = \begin{pmatrix} 0 & -c_{12} \\ -c_{12} & 0 \end{pmatrix}\begin{pmatrix} x_1 \\ x_2 \end{pmatrix} + \begin{pmatrix} (\beta_1+r) & -(\theta_2+\gamma_2) \\ -(\theta_1+\gamma_1) & (\beta_2+r) \end{pmatrix}A\begin{pmatrix} x_1 \\ x_2 \end{pmatrix} +$$

$$\begin{pmatrix} (\beta_1+r) & -(\theta_2+\gamma_2) \\ -(\theta_1+\gamma_1) & (\beta_2+r) \end{pmatrix}B - \begin{pmatrix} c_1 \\ c_2 \end{pmatrix}$$

$$(7-17)$$

A 满足如下的黎卡提（Riccati）代数等式：

112

$$A \begin{pmatrix} \alpha_1^2 & \alpha_1\alpha_2 \\ \alpha_1\alpha_2 & \alpha_2^2 \end{pmatrix} A + A \begin{pmatrix} -\beta_1 & (\theta_1+\gamma_1) \\ (\theta_2+\gamma_2) & -\beta_2 \end{pmatrix} - \begin{pmatrix} (\beta_1+r) & -(\theta_2+\gamma_2) \\ -(\theta_1+\gamma_1) & (\beta_2+r) \end{pmatrix}$$

$$A + \begin{pmatrix} 0 & c_{12} \\ c_{12} & 0 \end{pmatrix} = 0 \qquad\qquad (7-18)$$

B 满足如下等式：

$$B = \left[A \begin{pmatrix} \alpha_1^2 & \alpha_1\alpha_2 \\ \alpha_1\alpha_2 & \alpha_2^2 \end{pmatrix} - \begin{pmatrix} (\beta_1+r) & -(\theta_2+\gamma_2) \\ -(\theta_1+\gamma_1) & (\beta_2+r) \end{pmatrix} \right]^{-1} \left[-\begin{pmatrix} c_1 \\ c_2 \end{pmatrix} - A \begin{pmatrix} \alpha_1 c_u \\ \alpha_2 c_u \end{pmatrix} \right]$$

$$(7-19)$$

当 x_i（t）$=0$ 时，由式（7-2），得 $u=0$；当 $u=0$，同样由式（7-2），可得 x_i（t）$=0$。

推论：当交叉贡献系数 c_{12} 为 0 时，最优的知识获取投入为：

$$u^* = c_u + \begin{bmatrix} \alpha_1 & \alpha_2 \end{bmatrix} \begin{pmatrix} (\beta_1+r) & (\theta_2+\gamma_2) \\ (\theta_1+\gamma_1) & (\beta_2+r) \end{pmatrix}^{-1} \begin{pmatrix} c_1 \\ c_2 \end{pmatrix} =$$

$$c_u + \frac{c_1[\alpha_1(\beta_2+r) - \alpha_2(\theta_1+\gamma_1)] - c_2[\alpha_1(\theta_2+\gamma_2) - \alpha_2(\beta_1+r)]}{(\beta_1+r)(\beta_2+r) - (\theta_1+\gamma_1)(\theta_2+\gamma_2)}$$

$$(7-20)$$

证明：

当 $c_{12}=0$ 时，$A=0$ 为黎卡提（Riccati）代数等式的一个特解。

矩阵 A 在上述黎卡提（Riccati）代数等式（7-7）中为对称矩阵，即 $a_{12}=a_{21}$。为求解矩阵 A，需求解如下方程组：

$$\begin{cases} a_{11}(a_{11}\alpha_1^2 + a_{12}\alpha_1\alpha_2) + a_{12}(a_{11}\alpha_2^2 + a_{11}\alpha_1\alpha_2) - a_{11}\beta_1 + \\ a_{12}(\theta_2+\gamma_2) = a_{11}(\beta_1+r) - a_{12}(\theta_1+\gamma_1) \\ a_{12}(a_{11}\alpha_1^2 + a_{12}\alpha_1\alpha_2) + a_{22}(a_{12}\alpha_2^2 + a_{11}\alpha_1\alpha_2) - a_{12}\beta_2 + \\ a_{11}(\theta_1+\gamma_1) = a_{12}(\beta_1+r) - a_{22}(\theta_2+\gamma_2) \\ a_{12}(a_{12}\alpha_1^2 + a_{22}\alpha_1\alpha_2) + a_{22}(a_{22}\alpha_2^2 + a_{12}\alpha_1\alpha_2) - a_{22}\beta_2 + \\ a_{12}(\theta_1+\gamma_1) = a_{22}(\beta_2+r) - a_{12}(\theta_1+\gamma_1) \end{cases} \qquad (7-21)$$

由式（7-21）可得 a_{11}，a_{12}，a_{22}，因此：

$$u^* = c_u + \begin{bmatrix} \alpha_1 & \alpha_2 \end{bmatrix} \begin{pmatrix} (\beta_1 + r) & (\theta_2 + \gamma_2) \\ (\theta_1 + \gamma_1) & (\beta_2 + r) \end{pmatrix}^{-1} \begin{pmatrix} c_1 \\ c_2 \end{pmatrix} = c_u +$$

$$\frac{c_1 [\alpha_1 (\beta_2 + r) - \alpha_2 (\theta_1 + \gamma_1)] - c_2 [\alpha_1 (\theta_2 + \gamma_2) - \alpha_2 (\beta_1 + r)]}{(\beta_1 + r)(\beta_2 + r) - (\theta_1 + \gamma_1)(\theta_2 + \gamma_2)}$$

$$(7-22)$$

且 b_1，b_2 满足：

$$b_1 = \frac{(a_{11}\alpha_1 c_u + a_{12}\alpha_2 c_u + c_1)[(\beta_2 + r) - (a_{22}\alpha_2^2 + a_{12}\alpha_1\alpha_2)] -}{[(\beta_1 + r) - (a_{11}\alpha_1^2 + a_{12}\alpha_1\alpha_2)][(\beta_2 + r) - (a_{22}\alpha_2^2 + a_{12}\alpha_1\alpha_2)] -}$$

$$\frac{[(\theta_2 + \gamma_2) - (a_{12}\alpha_2^2 + a_{11}\alpha_1\alpha_2)](a_{12}\alpha_1 c_u + a_{22}\alpha_2 c_u + c_2)}{[(\theta_2 + \gamma_2) - (a_{12}\alpha_2^2 + a_{11}\alpha_1\alpha_2)][(\theta_1 + \gamma_1) - (a_{12}\alpha_1^2 + a_{22}\alpha_1\alpha_2)]}$$

$$b_2 = \frac{-(a_{11}\alpha_1 c_u + a_{12}\alpha_2 c_u + c_1)[(\theta_1 + \gamma_1) - (a_{12}\alpha_1^2 + a_{22}\alpha_1\alpha_2)] -}{[(\beta_1 + r) - (a_{11}\alpha_1^2 + a_{12}\alpha_1\alpha_2)][(\beta_2 + r) - (a_{22}\alpha_2^2 + a_{12}\alpha_1\alpha_2)] -}$$

$$\frac{[(\beta_1 + r) + (a_{11}\alpha_1^2 + a_{12}\alpha_1\alpha_2)](a_{12}\alpha_1 c_u + a_{22}\alpha_2 c_u + c_2)}{[(\theta_2 + \gamma_2) - (a_{12}\alpha_2^2 + a_{11}\alpha_1\alpha_2)][(\theta_1 + \gamma_1) - (a_{12}\alpha_1^2 + a_{22}\alpha_1\alpha_2)]}$$

$$(7-23)$$

7.4 参数灵敏度分析

7.4.1 信任水平

为分析信任水平对众包参与双方的知识承诺水平、最优投入和收益的影响关系，不妨假设：知识获取投入对知识承诺的有效性系数相等，双方的机会主义倾向系数、双方的感知价值满足水平系数以及双方的知识承诺对收益的贡献系数也相等，即采用如下算例进行分析。

$\beta_1 = \beta_2 = 6$，$\alpha_1 = \alpha_2 = 1$，$\gamma_1 = \gamma_2 = 1$，$c_1 = c_2 = 1$，$c_u = 1$，$c_{12} = 0.5$，$r = 0.1$

根据双方参与众包创新的三种不同情境，设置不同的信任参数，如表 7-2 所示。

将上述信任参数代入式（7-6）、式（7-7），可得矩阵 **A**、**B**。对式（7-5）作拉氏变换，可得双方的知识承诺水平 x_i、最优投入 u^* 和收益 v 随时间 t 的动态变化情况，如表 7-3 所示（上标表示不同情境，下标表示参与各方，下同）。

表7-2   双方参与众包创新的三种不同信任情境

情境	情境描述	参数设置
I	相互信任	$\theta_1 = 2$，$\theta_2 = 2$
II	发包企业更信任接包用户	$\theta_1 = 2$，$\theta_2 = 1$
III	发包用户更信任发包企业	$\theta_1 = 1$，$\theta_2 = 2$

表7-3   不同信任情境下知识承诺、最优投入和收益的动态变化

不同信任情境	情境 I	情境 II	情境 III
发包企业知识承诺	$x_1^1 = -0.439e^{-2.831t} + 0.439$	$x_1^2 = 0.016e^{-8.451t} - 0.409e^{-3.399t} + 0.393$	$x_1^3 = -0.013e^{-8.45t} - 0.334e^{-3.414t} + 0.347$
接包用户知识承诺	$x_2^1 = -0.439e^{-2.831t} + 0.439$	$x_2^2 = -0.013e^{-8.451t} - 0.336e^{-3.399t} + 0.349$	$x_2^3 = 0.016e^{-8.45t} - 0.406e^{-3.414t} + 0.39$
最优投入	$u^1 = -0.074e^{-2.831t} + 1.317$	$u^2_= -0.056e^{-3.399t} + 1.308$	$u^3_= -0.05e^{-3.414t} + 1.3$
收益	$v^1 = 0.36e^{-2.93t} - 14.24e^{-0.1t} + 13.9$	$v^2 = -12.6e^{-0.1t} + 12.4$	$v^3 = -12.6e^{-0.1t} + 12.4$

根据表7-3，绘制不同信任情境下知识承诺、最优投入和收益的动态变化情况，如图7-1所示。

从图7-1可以看出：

$$x_1^1 > x_1^2 > x_1^3, \quad x_2^1 > x_2^3 > x_2^2, \quad v^1 > v^2 = v^3$$

当用户首次参与众包创新时，接包用户和接包用户的知识承诺水平 x_i 为零；随着双方信任水平 θ_i 的提升，双方的知识承诺水平 x_i 也相应提升。参与众包创新的任何一方对另一方的信任程度越低，其知识承诺水平也越低。当双方相互信任时，双方的知识承诺水平 x_i 最大。

在接包用户初始参与阶段，若双方相互信任，最优投入 u^* 最小（$u^1 < u^3 < u^2$）。随着时间 t 的推移，双方的知识承诺水平 x_i 增加；当接包用户对接包用户的信任水平相对较高时，发包企业的最优投入 u^* 最小（$u^3 < u^2 < u^1$）。可见，随着时间 t 的变化，三种情境下的最优投入 u^* 都逐步提升，且在双方相互信任情境下提升幅度最大。在接包用户持续参与众包创新的过程中，当且仅当参与双方相互信任时，最终收益 v 最大。

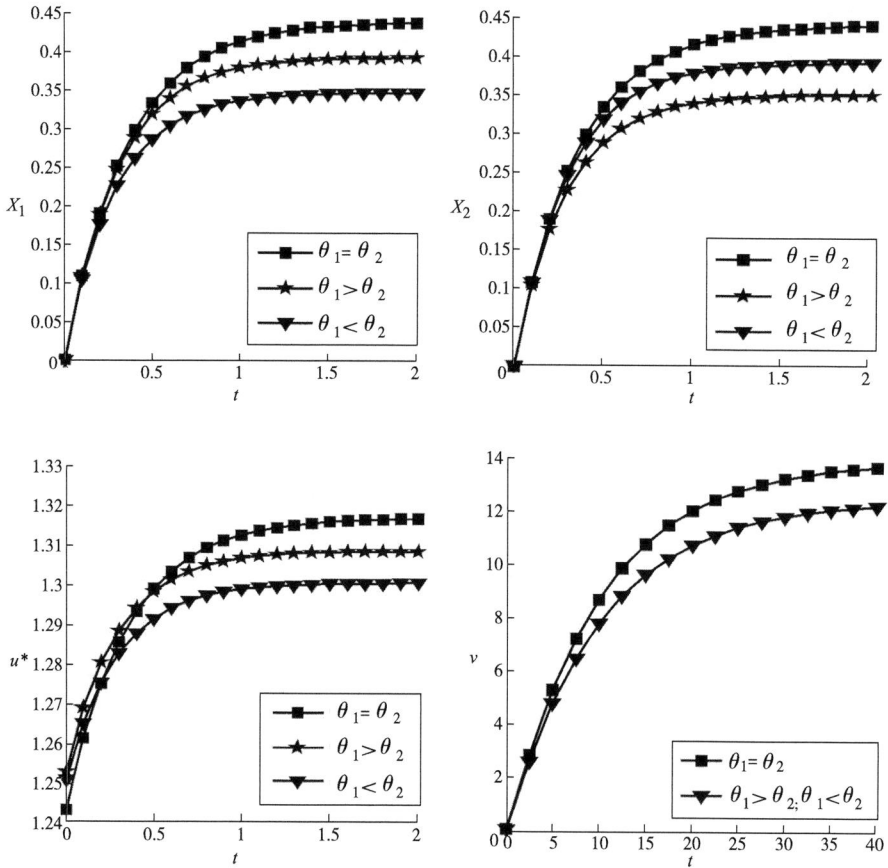

图 7-1　不同信任情境下知识承诺、最优投入和收益的动态变化

7.4.2　机会主义倾向

同理，可以分析双方的机会主义倾向对双方知识承诺水平、最优投入和收益的影响，不妨假设，除机会主义倾向系数外，其他参数均相等，采用如下算例。

$\theta_1 = \theta_2 = 1$，$\alpha_1 = \alpha_2 = 1$，$\gamma_1 = \gamma_2 = 1$，$c_1 = c_2 = 1$，$c_u = 1$，$c_{12} = 0.5$，$r = 0.1$

根据双方参与众包创新的三种不同情境，设置不同的机会主义倾向参数，如表 7-4 所示。

同理，对式（7-5）作拉氏变换，结果如表 7-5 所示。

表 7 - 4　　　　双方参与众包创新的三种不同机会主义倾向情境

情境	情境描述	参数设置
I	参与双方机会主义倾向较低且相等	$\beta_1 = 4$，$\beta_2 = 4$
II	发包企业的机会主义倾向大于接包用户	$\beta_1 = 6$，$\beta_2 = 4$
III	接包用户的机会主义倾向大于发包企业	$\beta_1 = 4$，$\beta_2 = 6$

表 7 - 5　　　不同机会主义倾向情境下的知识承诺、最优投入和收益的动态变化

参数	情境 I	情境 II	情境 III
发包企业知识承诺	$x_1^1 = -0.798e^{-1.739t} + 0.798$	$x_1^2 = -0.376e^{-2.598t} - 0.049e^{-7.23t} + 0.425$	$x_1^3 = -0.597e^{-2.598t} + 0.031e^{-7.23t} + 0.566$
接包用户知识承诺	$x_2^1 = -0.798e^{-1.739t} + 0.798$	$x_2^2 = 0.031e^{-2.598t} - 0.597e^{-7.23t} + 0.566$	$x_2^3 = -0.376e^{-2.598t} + 0.049e^{-7.23t} + 0.425$
最优投入	$u^1 = -0.208e^{-1.739t} + 1.595$	$u^2 = -0.085e^{-2.598t} - 0.001e^{-7.23t} + 1.416$	$u^3 = -0.085e^{-2.598t} - 0.001e^{-7.23t} + 1.416$
收益	$v^1 = 1.15e^{-1.84t} - 0.08e^{-3.57t} + 21.3$	$v^2 = 0.43e^{-2.7t} - 15.3e^{-0.1t} + 14.83$	$v^3 = 0.43e^{-2.7t} - 15.3e^{-0.1t} + 14.83$

根据表 7 - 5，可绘制图 7 - 2。

从图 7 - 2 可以看出：

$$x_1^1 > x_1^3 > x_1^2,\ x_2^1 > x_2^2 > x_2^3,\ u^1 > u^2 = u^3,\ v^1 > v^2 = v^3$$

随着众包创新参与双方的机会主义倾向增加，双方的知识承诺水平 x_i 则相对减少。当参与方 i 的机会主义倾向 β_i 大于 j 的机会主义倾向 β_j 时，其知识承诺水平 x_i 要小于另一方的知识承诺水平 x_j。而且，当 i 的机会主义倾向最大时，其知识承诺水平 x_i 也最低。

当双方的机会主义倾向较低时，最优投入 u^* 较大，最终的收益 v 也较大；当 i 的机会主义倾向 β_i 较大时，虽然最优投入 u^* 较小，但获得的最终收益 v 也较低。

7.4.3　感知价值满足水平

从理论分析和模型构建可知，感知价值满足水平的影响同信任类似，故不赘述。在此仅对最终结果进行分析：随着双方感知价值满足水平 γ_i 的增加，双方的知识承诺水平 x_i 也相应增加。当 i 的感知价值满足水平低于 j 时，其知识承诺水平 x_i 也上升较慢。当双方都能获取预期感知价值时，双方的知识承诺水平最高；当 i 的感知价值满足水平高于 j 时，其知识承诺水平 x_i 也要高于另一方的知识承诺水平 x_j。

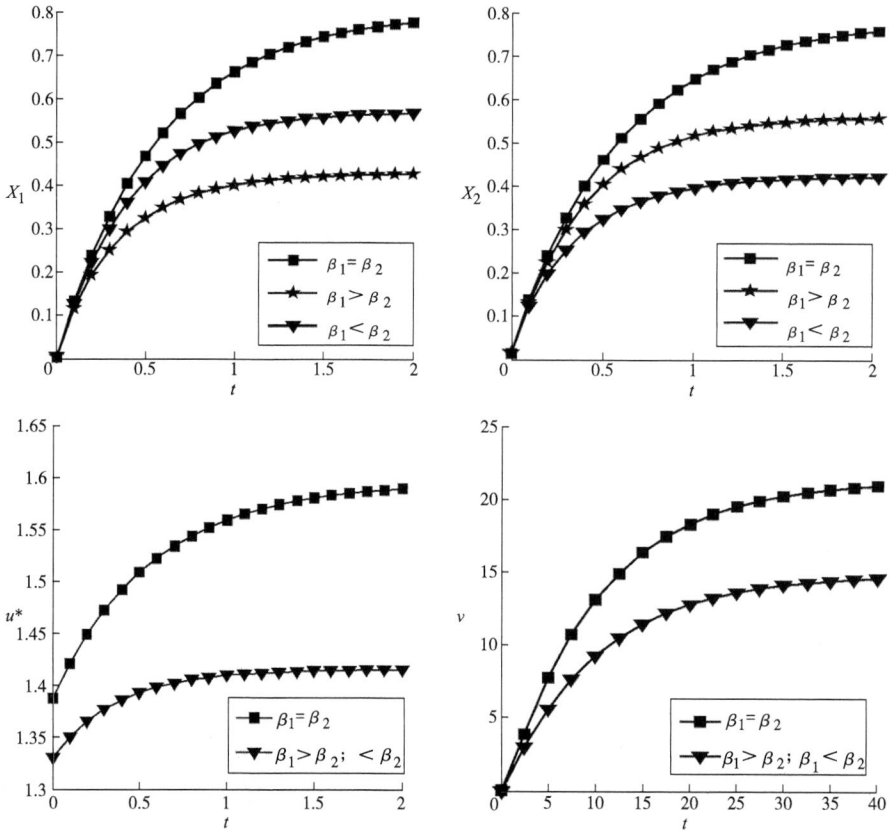

图 7-2 不同机会主义倾向情境下知识承诺、最优投入和收益的动态变化

当接包用户首次参与众包创新时，接包用户和接包用户的知识承诺水平为零；若双方都能达到预期感知价值满足水平，发包企业的最优投入 u^* 最小。随着时间 t 的推移，双方的知识承诺水平 x_i 增加，当接包用户的感知价值满足水平大于发包企业时，最优投入 u^* 最小。感知价值满足水平情境下的控制策略和信任情境相似。在接包用户持续参与众包创新的过程中，当且仅当参与双方都能获取预期感知价值时，最终收益 v 最大。

7.4.4 贡献系数

为分析贡献系数对双方的知识承诺水平、最优知识获取投入和收益的影响，不妨假设，除贡献系数外，其他参数均相同，算例如下。

$$\theta_1 = \theta_2 = 1, \; \beta_1 = \beta_2 = 4, \; \alpha_1 = \alpha_2 = 1, \; \gamma_1 = \gamma_2 = 1, \; c_{12} = 0.5, \; r = 0.1$$

根据双方参与众包创新的两种情境，设置不同的贡献系数。

表 7-6   双方参与众包创新的不同贡献系数情境

情境	情境描述	参数设置
I	双方知识承诺对收益的贡献相等且大于知识获取投入对收益的贡献	$c_1 = c_2 = 2, \; c_u = 1$
II	双方知识承诺对收益的贡献相等且小于知识获取投入对收益的贡献	$c_1 = c_2 = 1, \; c_u = 2$

对式（7-5）作拉氏变换，结果如表 7-7 所示。

表 7-7   不同贡献系数情境下知识承诺、最优投入和收益的动态变化

参数	情境 I	情境 II
接包用户知识承诺	$x_2^1 = -0.994e^{-1.739t} + 0.994$	$x_2^2 = -1.398e^{-1.739t} + 1.398$
发包企业知识承诺	$x_1^1 = -0.994e^{-1.739t} + 0.994$	$x_1^2 = -1.398e^{-1.739t} + 1.398$
最优投入	$u^1 = -0.259e^{-1.739t} + 1.989$	$u^2 = -0.364e^{-1.739t} + 2.796$
收益	$v^1 = 2.56e^{-1.84t} - 44.83e^{-0.1t} + 42.4$	$v^2 = 2.43e^{-1.84t} - 54.57e^{-0.1t} + 52.4$

根据表 7-7 绘制图 7-3。

从图 7-3 可以看出：

$$x_1^2 > x_1^1, \; x_2^2 > x_2^1, \; u^2 > u^1, \; v^2 > v^1$$

也就是说，知识获取投入对收益的贡献系数大于知识承诺对收益的贡献时，参与双方的知识承诺水平 x_i 较大，发包企业的知识获取最优投入 u^* 较大，且最优投入 u^* 需大幅提升，并始终控制在其他情境（$c_1 = c_2 > c_u$）之上，才能保证接包用户最终的收益 v 较大，反之则小。

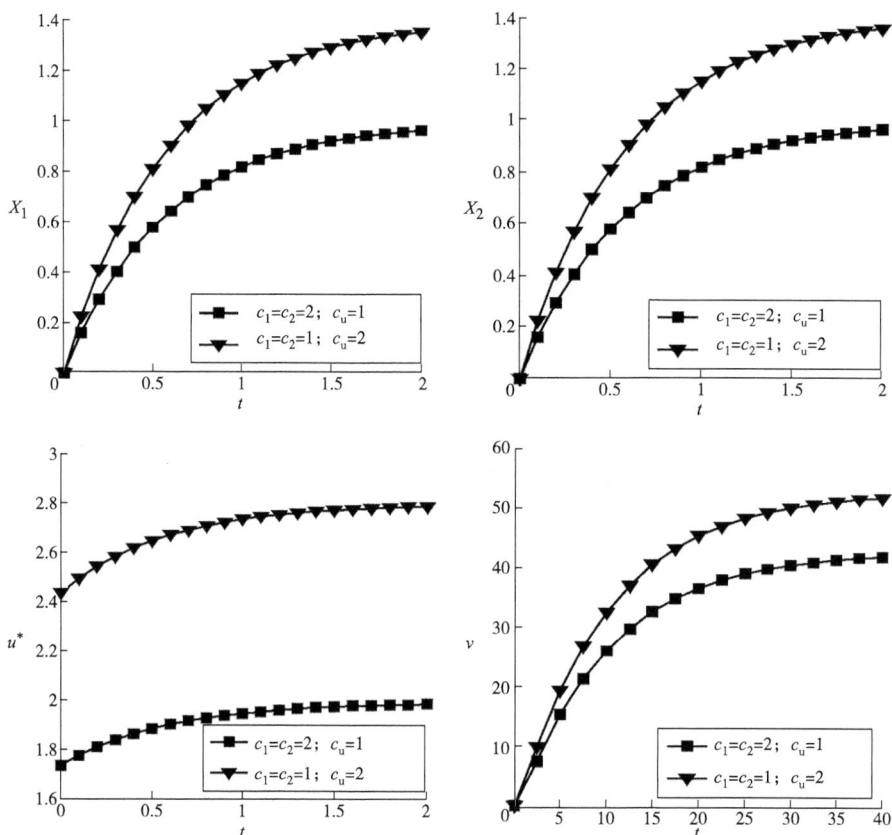

图7-3　不同贡献系数情境下知识承诺、最优投入和收益的动态变化

7.5　管理启示

根据上述研究，结合我国目前众包创新模式的发展状况，从知识获取视角考虑如何对用户持续参与众包创新进行动态控制，提出以下几个方面的管理启示。

（1）用户持续参与众包创新的本质是用户知识承诺的建立。接包用户要持续获取用户相关知识以解决创新任务，需要从增强用户信任、增加感知价值传递和创造有序的关系环境等方面努力，促使用户建立较高水平的知识承诺，激发用户的持续知识交流意愿。

（2）接包用户引导和激励用户持续参与众包创新应遵循如下最优控制准则：在任何时间，接包用户的最优知识获取投入非线性地依赖这几个参数的当前值，包括接包用户的知识承诺对收益的贡献、接包用户的知识获取投入对收益的贡献、信任水平、感知价值满足水平、机会主义倾向、知识获取投入对知识承诺的有效性和贴现系数。而且，最优知识获取投入随着信任、感知价值满足水平的增加（减少）而增加（减少），随着机会主义倾向的增加（减少）而减少（增加）。

（3）众包创新以虚拟社区为平台，引导用户持续参与并持续获取其相关知识的难度大，一方面是因为众包创新的组织模式自由开放、参与用户自由自愿的特征决定；另一方面是因为在知识获取过程中的沟通容易出现障碍，进而减弱相互之间的信任。要求接包用户设置有效的反馈机制增强用户信任。此外，还可以采取有效的关系治理和正式控制等措施，积极组织线下交流活动、建立活跃的网络社区，营造良好的沟通环境，提升用户信任水平，增强用户持续参与众包意愿。

（4）构建有效的任务匹配机制提升双方感知价值满足水平，增强双方知识承诺。尤其对于众包平台来说，设计有效的任务匹配机制，实现为用户推荐恰当的创新任务，同时也为接包用户推荐合适的用户，能提升用户中标率且降低其搜索成本，将能大大提升其感知价值满足水平，激励用户持续参与。

（5）抑制用户的机会主义倾向。接包用户需要结合众包平台特征，设置科学的惩罚机制、信誉机制和诚信保障机制，以抑制用户的机会主义倾向；同时，构建和营造开放、创新、诚信的组织文化，提升信息技术运用水平，减少自身的机会主义倾向。确保在众包创新过程中，双方关系得到持续健康发展。

7.6　本章小结

本章从知识获取视角研究了用户持续参与众包创新的动态控制决策问题，主要贡献有：①提出用户持续参与众包创新的本质是双方知识承诺的建立，信任、感知价值、交流环境知识获取投入和机会主义倾向是影响知识承诺的关键因素；②构建了知识获取视角下的用户持续参与众包创新的动态优化决策模型，运用动态控制理论进行求解，为众包创新过程中的接包用户的持续知识获取提供最优控制准则。

8 研究结论、创新之处与未来展望

8.1 研究结论

众包创新作为企业充分利用外部群体智慧以实现创新的新型开放式创新模式，其本质是企业突破组织界限，获取与整合外部网络知识以提升创新绩效的商业模式。该模式已被实践证明是获取网络群体知识资源、降低创新成本、提升创新绩效的有效方式。但作为一种新型模式，众包创新的相关研究还处于探索阶段，研究成果呈现碎片化状态。虽然众包创新实践取得一定效果，但还存在主流企业参与不足、用户持续参与意愿不强、创新任务质量不高等问题。因此，从不同视角探索众包创新模式的内涵和运行机制，提升众包创新绩效成为亟待解决的问题。

在分析众包创新模式的内涵和运行机制的基础上，提出众包创新模式的本质，从双边视角探索众包创新模式下的知识获取机制及实现策略相关问题，有助于企业深刻理解众包创新模式的内涵，并为其提升众包创新绩效提供一条新思路。主要研究结论有以下五点。

（1）通过分析众包创新的内涵和运行过程，提出众包创新作为一种新型创新模式，其本质是企业突破传统组织界限，通过获取与整合外部网络知识实现创新的商业模式，研究众包创新模式下的知识获取机制能抓住众包创新的本质，为提升众包创新绩效，需要设计科学合理的知识获取机制实现用户的有效知识获取。

（2）双边视角下众包创新的知识获取影响因素扎根研究。从众包创新管理实践出发，结合虚拟社区知识共享和用户参与创新相关理论，提出双边视角下存在四种类型的知识流：关于用户的知识、用于用户的知识、来自用户的知识和与用户共同创造的知识。考虑扎根理论作为一种重要归纳式研究方法，具有注重实践、关注动态、强调比较研究的优点，运用扎根理论研究了双边视角下众包创新的知识获取影响因素，形成众包创新下知识获取影响因素的理论框架。通过该研究，得出知识源特性、任务属性、知识获取情境和知识需求者特性是影响众包创新知识获取的关键因素。对于众包创新的参与主体来说，完善任务设置、构建有效的任务匹配机制、合理筛选任务与方案和营造开放、诚信的平台环境是提高知识获取绩效的主要策略。

（3）基于扎根理论的质化研究成果，探索双边视角下的知识获取前因对知识获取的影响机制、知识获取对众包创新绩效的作用机制等问题。通过相关假设和量表开发，基于典型众包平台开展调研和数据收集，运用结构方程分析方法进行实证研究。结果显示：知识多样性、沟通机制和激励机制对知识获取均有显著正向影响，其中用户的知识多样性对知识获取的正向影响相对较小；知识获取对众包创新绩效有显著正向影响；知识获取前因对众包创新绩效的影响存在一定差异，知识多样性对众包创新绩效有显著的直接正向影响，沟通机制和激励机制对众包创新绩效的直接影响未得到有效验证，而知识获取在知识多样性与众包创新绩效关系中起部分中介作用。因此，不断吸引知识多样化的任务接包方、高度重视沟通机制的完善和建立匹配的激励机制是提升众包创新绩效的有效措施。

（4）众包创新关键用户知识源的识别研究。关键用户知识源识别的目的是要在海量网络信息中发现最有利于解决创新任务的用户知识源。从供需双方知识匹配视角，构建了包括用户知识能力、双方参与意愿和创新任务水平三维度的关键用户知识源的识别体系，运用误差逆向传播神经网络（BP 神经网络）算法实现关键用户知识源的有效识别，结合猪八戒网开展实证研究。基于关键用户知识源的识别模型，需求企业可以发现与自身需求相匹配的用户知识源，而用户也可以识别与自身知识和能力相符的创新任务，从而提高整个众包创新系统的效率。

（5）双边视角下众包创新知识获取的动态优化控制研究。考虑到创新任务的复杂性及知识的"黏性"等特征，需要引导和激励用户持续参与众包创新，这就要求企业采取有效的控制策略确保知识持续获取以完成创新任务。结合关系营销与知识共享理论，界定众包创新中的知识承诺概念，分析知识承诺的驱动因素，拟提取信任、感知价值、交流环境知识获取投入水平和机会主义倾向四个关键驱动因子，构建众包创新的知识获取动态优化控制模型，利用动态优化控制理论进行求解，并通过灵敏度分析探讨知识获取的最优决策结果。可知，要想引导用户持续参与众包创新，首先，需要建立长期的用户知识承诺；其次，在众包创新的决策过程中需要遵循一定的最优控制准则：在任何时间，接包用户的最优知识获取投入非线性地依赖这几个参数的当前值，包括接包用户和接包用户的知识承诺对收益的贡献、接包用户的知识获取投入对收益的贡献、信任水平、感知价值满足水平、机会主义倾向、知识获取投入对知识承诺的有效性和贴现系数，而且，最优知识获取投入随着信任、感知价值的增加（减少）而增加（减少），随着机会主义倾向的增加（减少）而减少（增加）；再次，接包用户需要设置有效的反馈互动机制增强用户信任水平，构建有效的任务匹配机制提升双方的感知价值满足水平；最后，还要采取措施抑制用户的机会主义倾向。

8.2 创新之处

（1）提出众包创新本质上是企业获取和整合外部网络知识实现创新的商业模式，从双边视角开展众包创新知识获取机制及实现策略相关研究为提升众包创新绩效提供新思路。创新性地提出运用扎根理论研究众包创新的知识获取影响因素，得出知识源特性、任务属性、知识获取情境和知识需求者特性是影响众包创新知识获取的关键因素。

（2）基于众包创新知识获取影响因素的扎根研究质化成果，结合实证研究探索知识获取的前因及其对众包创新绩效的影响机制。实证结果显示：知识多样性、沟通机制和激励机制对知识获取均有显著正向影响；知识获取对众包创新绩效有显著正向影响；知识获取的前因对众包创新绩效的影响存在一定差异。知识多样性对众包创新绩效有显著的直接正向影响，而沟通机制和激励机制对众包创新绩效的直接影响未得到有效验证，它们则是以知识获取为中介而间接正向影响众包创新绩效。

（3）为解决众包创新过程中创新任务特性与用户知识异质性的匹配问题，从双边视角出发，构建基于用户知识能力、双方参与意愿和创新任务水平三维度的众包创新关键用户知识源识别体系，并运用误差逆向传播神经网络（BP 神经网络）算法实现关键知识源的识别与评估。

（4）为解决众包创新过程中知识持续获取的优化控制问题，界定众包创新下的知识承诺内涵，分析驱动知识承诺的关键因素，提取信任、感知价值、交流环境知识获取投入水平和机会主义倾向四个关键驱动因子，构建众包创新知识获取的动态优化控制模型，为企业在众包创新过程中持续知识获取提供最优控制准则。

8.3   未来展望

本书从双边视角研究了众包创新知识获取机制及实现策略相关问题，为提升众包创新绩效、完善众包创新理论、繁荣众包市场提供理论支持和方法借鉴。但由于众包创新理论刚刚起步，企业实践也处在探索之中，还存在以下问题亟须探索。

（1）众包创新作为一种企业利用外部群体智慧以实现创新的新型创新模式，从知识共享和关系管理视角，探索发包方、众包创新平台和接包方（这里称为用户）之间的知识互动过程以及知识共创机制；研究众包创新的多参与主体之间的互动机制对众包创新绩效的影响关系，如发包方和平台对用户的反馈机制、用户与用户之间的互动机制等对众包创新绩效的影响机理，将成为未来重要的研究方向。

（2）本书的相关实证研究中，数据来源主要是国内众包平台，如猪八戒网、任务中国等，创新任务对象较为简单，后续研究可以从国外众包创新平台，如创新中心（InnoCentive）、戴尔创意风暴社区（IdeaStorm Community）等收集数据，开展相关实证研究，将更具代表性和挑战性。

（3）在对众包创新知识获取的动态优化控制研究中，提取了信任、感知价值、机会主义倾向等作为知识承诺的关键驱动因素构建决策模型，未充分考虑众包平台相关环境对知识承诺的影响，且构建的定量化决策模型仅做了算例分析与讨论，未结合实证进行检验。未来可结合上述局限进行拓展研究，以更准确地把握众包创新相关研究问题。

参考文献

[1] HOWE J. The rise of crowdsourcing [J] . Wired Magazine, 2006, 14 (6): 1 - 4.

[2] POETZ M K, SCHREIER M. The value of crowdsourcing: Can users really compete with professionals in generating new product ideas? [J] . Journal of Product Innovation Management, 2012, 29 (2): 245 - 256.

[3] BAYUS B L. Crowdsourcing new product ideas over time: An analysis of the Dell IdeaStorm Community [J] . Management Science, 2013, 59 (1): 226 - 244.

[4] 李晓华, 张亚豪. 个体如何参与企业的价值创造? ——众包理论与实践研究评述 [J] . 经济管理, 2013 (11): 48 - 58.

[5] BOUDREAU K J, LAKHANI K R. Using the crowd as an innovation partner [J] . Harvard Business Review, 2013, 91 (4): 60 - 9, 140.

[6] SCHENK E, GUITTARD C. Towards a characterization of crowdsourcing practices [J] . Journal of Innovation Economics & Management, 2011 (1): 93 - 107.

[7] FREY K, LÜTHJE C, HAAG S. Whom should firms attract to open innovation platforms? The role of knowledge diversity and motivation [J] . Long Range Planning, 2011, 44 (5): 397 - 420.

[8] ROBERTS J A, HANN I - H, SLAUGHTER S A. Understanding the motivations, participation, and performance of open source software developers: a longitudinal study of the apache projects [J] . Management Science, 2006, 52 (7): 984 - 999.

[9] SUN Y, FANG Y, LIM K H. Understanding sustained participation in

transactional virtual communities〔J〕. Decision Support Systems, 2012, 53（1）: 12 – 22.

〔10〕GASSENHEIMER J B, SIGUAW J A, HUNTER G L. Exploring motivations and the capacity for business crowdsourcing〔J〕. AMS Review, 2013, 3（4）: 205 – 216.

〔11〕冯小亮, 黄敏学. 众包模式中问题解决者参与动机机制研究〔J〕. 商业经济与管理, 2013, 1（4）: 25 – 35.

〔12〕TERWIESCH C, XU Y. Innovation contests, open innovation, and multiagent problem solving〔J〕. Management Science, 2008, 54（9）: 1529 – 1543.

〔13〕BOUDREAU K J, LACETERA N, LAKHANI K R. Incentives and problem uncertainty in innovation contests: an empirical analysis〔J〕. Management Science, 2011, 57（5）: 843 – 863.

〔14〕YANG Y. Open innovation contests in online markets: idea generation and idea evaluation with collective intelligence〔M〕. Philadelphia: Temple University, 2012.

〔15〕GAN C, KOSONEN M, BLOMQVIST K. Knowledge sharing in crowdsourcing—it is more than motivation〔C〕// Proceedings of the 13th European Conference on Knowledge Management. Spain, 2012: 380 – 388.

〔16〕JEPPESEN L B, FREDERIKSEN L. Why do users contribute to firm – hosted user communities? The case of computer – controlled music instruments〔J〕. Organization Science, 2006, 17（1）: 45 – 63.

〔17〕BRABHAM D C. Moving the crowd at iStockphoto: The composition of the crowd and motivations for participation in a crowdsourcing application〔J〕. First Monday, 2008, 13（6）: 236 – 238.

〔18〕AFUAH A, TUCCI C L. Crowdsourcing as a solution to distant search〔J〕. Academy of Management Review, 2012, 37（3）: 355 – 375.

〔19〕GEIGER D, SCHADER M. Personalized task recommendation in crowdsourcing information systems – current state of the art〔J〕. Decision Support Systems, 2014, 65（C）: 3 – 16.

〔20〕莫赞, 罗楚, 刘希良, 等. 基于 IS 视角的众包概念模型研究〔J〕. 科技管理研究, 2014, 34（14）: 155 – 161.

［21］GHEZZI A, GABELLONI D, MARTINI A, et al. Crowdsourcing： A review and suggestions for future research ［J］. International Journal of Management Reviews, 2017.

［22］ALAM S L, CAMPBELL J. Role of relational mechanisms in crowdsourcing governance： An interpretive analysis ［C］//Proceedings of the Nineteenth Americas Conference on Information Systems, Chicago, Illinois, August 15 - 17, 2013.

［23］DJELASSI S, DECOOPMAN I. Customers'participation in product development through crowdsourcing： Issues and implications ［J］. Industrial Marketing Management, 2013, 42 (5)： 683 - 692.

［24］JAIN R. Investigation of governance mechanisms for crowdsourcing initiatives ［C］//Sustainable It Collaboration Around the Globe. Americas Conference on Information Systems, Amcis 2010, Lima, Peru, August, 2010： 557.

［25］MARJANOVIC S, FRY C, CHATAWAY J. Crowdsourcing based business models： In search of evidence for innovation 2. 0 ［J］. Science & Public Policy, 2012, 39 (3)： 318 - 332.

［26］HOSSAIN M. Users'motivation to participate in online crowdsourcing platforms ［C］//International Conference on Innovation Management and Technology Research, 2012： 310 - 315.

［27］HUANG Y, SINGH P V, SRINIVASAN K. Crowdsourcing new product ideas under consumer learning ［M］. Management Science, 2014, 60 (9)： 2138 - 2159.

［28］HUTTER K, HAUTZ J, FÜLLER J, et al. Communitition： The tension between competition and collaboration in community - based design contests ［J］. Creativity & Innovation Management, 2011, 20 (1)： 3 - 21.

［29］KOSONEN M, GAN C, OLANDER H, et al. My idea is our idea! Supporting user - driven innovation activities in crowdsourcing communities ［J］. International Journal of Innovation Management, 2013, 17 (03)： 1340010 - 1 - 1340010 - 18.

［30］KOSONEN M, GAN C, VANHALA M, et al. User motivation and knowledge sharing in idea crowdsourcing ［J］. International Journal of Innovation Management, 2014, 18 (5)： 1450031 - 1 - 1450031 - 23.

［31］LÜTTGENS D, POLLOK P, ANTONS D, et al. Wisdom of the crowd and capabilities of a few: Internal success factors of crowdsourcing for innovation ［J］. Journal of Business Economics, 2014, 84 (3): 339 – 374.

［32］ZABLAH A R, BELLENGER D N, JOHNSTON W J. An evaluation of divergent perspectives on customer relationship management: Towards a common understanding of an emerging phenomenon ［J］. Industrial Marketing Management, 2004, 33 (6): 475 – 489.

［33］DAVENPORT T H. The new industrial engineering: Information technology and business process re – design ［J］. Sloan Management Review, 1990, 31 (4): 11 – 27.

［34］HAMMER M. Beyond reengineering ［J］. Process Management, 1996: 251 – 288.

［35］FOSS N J, LAURSEN K, PEDERSEN T. Linking customer interaction and innovation: The mediating role of new organizational practices ［M］. IN-FORMS, 2011.

［36］ZHAO Y, ZHU Q. Evaluation on crowdsourcing research: Current status and future direction ［J］. Information Systems Frontiers, 2014, 16 (3): 417 – 434.

［37］SCHADER M, GEIGER D, ROSEMANN M, et al. Crowdsourcing information systems: Definition, typology and design ［C］//ICIS, 2012.

［38］HAMMON D K L, HIPPNER H. Crowdsourcing ［J］. Business & Information Systems Engineering, 2012, 4 (3): 163 – 166.

［39］HUANG Y, SINGH P V, MUKHOPADHYAY T. Crowdsourcing contests: A dynamic structural model of the impact of incentive structure on solution quality ［C］ // International Conference on Information Systems, Orlando, 2012.

［40］LEIMEISTER J M, HUBER M, BRETSCHNEIDER U, et al. Leveraging crowdsourcing: Activation – Supporting components for IT – based ideas competition ［J］. Journal of Management Information Systems, 2009, 26 (1): 197 – 224.

［41］MAJCHRZAK A, MALHOTRA A. Towards an information systems perspective and research agenda on crowdsourcing for innovation ［J］. Journal of Strategic Information Systems, 2013, 22 (4): 257 – 268.

［42］杰夫·豪. 众包: 大众力量缘何推动商业未来 ［M］. 牛文静, 译.

北京：中信出版社，2009.

［43］倪楠. "众包"——企业 HR 管理借助外力的新模式［J］.新资本，2009（4）：38 - 41.

［44］BURGER - HELMCHEN T，PÉNIN J. The limits of crowdsourcing inventive activities：What do transaction cost theory and the evolutionary theories of the firm teach us［C］//Workshop on Open Source Innovation，Strasbourg，France，2010：1 - 26.

［45］LE Q，PANCHAL J H. Modeling the effect of product architecture on mass - collaborative processes［J］.Journal of Computing and Information Science in Engineering，2011，11（1）：1 - 12.

［46］朱雅杰. 众包商业模式要素模型及运行机制研究［D］.济南：山东大学，2011.

［47］郝琳娜，侯文华，刘猛. 众包创新模式问题分析及研究展望［J］.科技进步与对策，2014（22）：154 - 160.

［48］SHAO B，SHI L，XU B，et al. Factors affecting participation of solvers in crowdsourcing：an empirical study from China［J］.Electronic Markets，2012，22（2）：73 - 82.

［49］LAKHANI K R，BOUDREAU K J，LOH P - R，et al. Prize - based contests can provide solutions to computational biology problems［J］.Nature Biotechnology，2013，31（2）：108 - 111.

［50］LIU T X，YANG J，ADAMIC L A，et al. Crowdsourcing with all - pay auctions：A field experiment on taskcn［J］.Management Science，2014，60（8）：2020 - 2037.

［51］王丽伟，田剑，刘德文. 基于网络社区的创新竞赛绩效影响因素研究［J］.科研管理，2014，35（2）：17 - 24.

［52］MARTINEZ M G. Solver engagement in knowledge sharing in crowdsourcing communities：Exploring the link to creativity［J］.Research Policy，2015，44（8）：1419 - 1430.

［53］SUROWIECKI J. The wisdom of crowds：Why the many are smarter than the few and how collective wisdom shapes business［J］.Economies，Societies and Nations，2004：296.

［54］ CHE Y K, GALE I. Optimal design of research contests ［J］. American Economic Review, 2003, 93 (3): 646 – 671.

［55］ MATROS A. Elimination tournaments where players have fixed resources ［Z］. Working Paper, University of Pittsburgh, 2005.

［56］ ARCHAK N, SUNDARARAJAN A. Optimal design of crowdsourcing contests ［C］//International Conference on Information Systems, Icis 2009, Phoenix, Arizona, USA, December, 2009.

［57］ CASON T N, MASTERS W A, SHEREMETA R M. Entry into winner – take – all and proportional – prize contests: An experimental study ［J］. Journal of Public Economics, 2010, 94 (9 – 10): 604 – 611.

［58］ SCHUHMACHER M C, KUESTER S. Identification of lead user characteristics driving the quality of service innovation ideas ［J］. Creativity & Innovation Management, 2012, 21 (4): 427 – 442.

［59］ MARTINEZ M G. Inspiring crowdsourcing communities to create novel solutions: Competition design and the mediating role of trust ［J］. Technological Forecasting and Social Change, 2017, 117: 296 – 304.

［60］ KLEEMANN F, VOβ G G, RIEDER K. Un (der) paid innovators: The commercial utilization of consumer work through crowdsourcing ［J］. Science, Technology & Innovation Studies, 2008, 4 (2): 5 – 26.

［61］ 叶伟巍, 朱凌. 面向创新的网络众包模式特征及实现路径研究 ［J］. 科学学研究, 2012, 30 (1): 145 – 151.

［62］ 张利斌, 钟复平, 涂慧. 众包问题研究综述 ［J］. 科技进步与对策, 2012, 29 (6): 154 – 160.

［63］ BOONS M, STAM D, BARKEMA H G. Feelings of pride and respect as drivers of ongoing member activity on crowdsourcing platforms ［J］. Journal of Management Studies, 2015, 52 (6): 717 – 741.

［64］ MOUSSAWI S, KOUFARIS M. Working on low – paid micro – task crowdsourcing platforms: An existence, relatedness and growth view ［C］//ICIS, 2015: 12 – 13.

［65］ YE H, KANKANHALLI A. Solvers'participation in crowdsourcing platforms: Examining the impacts of trust, and benefit and cost factors ［J］. Journal of

Strategic Information Systems, 2017, 26 (2): 101 -117.

[66] ARIS H. Sustainable solvers participation in non - profit mobile crowdsourcing initiatives: A review of successful applications [C] //Research and Development (SCOReD), 2015 IEEE Student Conference on: IEEE, 2015: 659 -664.

[67] SOLIMAN W, TUUNAINEN V K. Understanding continued use of crowdsourcing systems: an interpretive study [J]. Journal of Theoretical and Applied Electronic Commerce Research, 2015, 10 (1): 1 -18.

[68] YANG J, WEI X, ACKERMAN M S, et al. Activity lifespan: An analysis of user survival patterns in online knowledge sharing communities [C] // Proceedings of the Fourth International AAAI Conference on Weblogs and Social Media (ICWSM), 2010: 186 -193.

[69] 仲秋雁, 王彦杰, 裘江南. 众包社区用户持续参与行为实证研究 [J]. 大连理工大学学报 (社会科学版), 2011 (1): 1 -6.

[70] JACKSON C B, ØSTERLUND C, MUGAR G, et al. Motivations for sustained participation in crowdsourcing: case studies of citizen science on the role of talk [C] //System Sciences (HICSS), 2015 48th Hawaii International Conference on: IEEE, 2015: 1624 -1634.

[71] 卢新元, 龙德志, 陈勇. 基于忠诚度的众包模式下用户参与意愿影响因素分析 [J]. 管理学报, 2016, 13 (7): 1038 -1044.

[72] KOZINETS R V, HEMETSBERGER A, SCHAU H J. The wisdom of consumer crowds: Collective innovation in the age of networked marketing [J]. Journal of Macromarketing, 2008, 28 (4): 339 -354.

[73] CHAO - MIN C, WANG E T, SHIH F - J, et al. Understanding knowledge sharing in virtual communities [J]. Online Information Review, 2011, 35 (1): 134.

[74] JADIN T, GNAMBS T, BATINIC B. Personality traits and knowledge sharing in online communities [J]. Computers in Human Behavior, 2013, 29 (1): 210 -216.

[75] GAFNI R, GERI N, BENGOV P. Investigating the effect of tangible and virtual rewards on knowledge contribution in online communities [J]. Online Journal of Applied Knowledge Management, 2014, 2 (2): 1 -11.

［76］ ZHOU J, ZUO M, YU Y, et al. How fundamental and supplemental interactions affect users'knowledge sharing in virtual communities? A social cognitive perspective ［J］. Internet Research, 2014, 24 (5): 566 – 586.

［77］ 谭云清, 李元旭. 国际外包中接包企业知识获取的影响因素实证研究 ［J］. 研究与发展管理, 2014, 26 (2): 49 – 58.

［78］ GARRIGOS – SIMON F J, GIL – PECHUÁN I, ESTELLES – MIGUEL S. Advances in crowdsourcing ［M］. Springer, 2015.

［79］ GERI N, GAFNI R, BENGOV P. Crowdsourcing as a business model: Extrinsic motivations for knowledge sharing in user – generated content websites ［J］. Journal of Global Operations and Strategic Sourcing, 2017, 10 (1): 90 – 111.

［80］ SABOU M, SCHARL A, MICHAEL F. Crowdsourced knowledge acquisition: Towards hybrid – genre workflows ［J］. International Journal on Semantic Web and Information Systems, 2013, 9 (3): 14 – 41.

［81］ KONDREDDI S K, TRIANTAFILLOU P, WEIKUM G. Combining information extraction and human computing for crowdsourced knowledge acquisition ［C］ //Data Engineering (ICDE), 2014 IEEE 30th International Conference on: IEEE, 2014: 988 – 999.

［82］ 郝琳娜, 侯文华, 郑海超. 基于众包竞赛的虚拟社区内知识共享行为 ［J］. 系统工程, 2016 (6): 65 – 71.

［83］ 龙啸. 从外包到众包 ［N］. 商界: 评论, 2007 (4): 96 – 99.

［84］ 马卫, 方丽, 屠建洲. 从外包到众包的商业模式变革及启示 ［J］. 商业时代, 2008 (1): 13 – 14.

［85］ PRAHALAD C K, RAMASWAMY V. Co – opting customer competence ［J］. Harvard Business Review, 2000, 78 (1): 79 – 87.

［86］ THRIFT N. Re – inventing invention: new tendencies in capitalist commodification ［J］. Economy & Society, 2006, 35 (2): 279 – 306.

［87］ WIKIPEDIA A. Crowdsourcing ［EB/OL］. http: //en. wikipedia. Org/wikiCrowdsourcing.

［88］ BRABHAM D C. Crowdsourcing as a model for problem solving: An introduction and cases ［J］. Convergence the International Journal of Research into New Media Technologies, 2008, 14 (1): 75 – 90.

［89］CHANAL V，CARON－FASAN M L. The difficulties involved in developing business models open to innovation communities：The case of a crowdsourcing platform［J］. Post－Print，2010，13（4）：318－340.

［90］肖岚，高长春.“众包”改变企业创新模式［J］.上海经济研究，2010（3）：35－41.

［91］付群英，刘志迎. 大众创新：内涵与运行模式［J］.科学学与科学技术管理，2016，37（2）：3－10.

［92］姜奇平.《众包》与长尾战略 2.0 版［N］.互联网周刊，2009（10）：80－81.

［93］刘景方，张朋柱，吕英杰. 基于文本挖掘的众包人才能力分析［J］.系统管理学报，2015，24（3）：365－371.

［94］林永青. 众包：网络社会的社会生产［J］. IT 经理世界，2009（10）：82－83.

［95］林素芬，林峰. 众包定义、模式研究发展及展望［J］.科技管理研究，2015，35（4）：212－217.

［96］CHESBROUGH H W. Open business models：How to thrive in the new innovation landscape［J］. Journal of Product Innovation Management，2007，17（4）：406－408.

［97］CHESBROUGH H，VANHAVERBEKE W，WEST J. Open innovation：Researching a new paradigm［M］. Oxford：Oxford University Press on Demand，2006.

［98］陈劲. 协同创新［M］.杭州：浙江大学出版社，2012.

［99］涂艳，孙宝文，张莹. 基于社会媒体的企业众包创新接包主体行为研究——基于众包网站调查的实证分析［J］.经济管理，2015（7）：138－149.

［100］埃里克·冯·希普尔. 技术创新的源泉［M］.北京：科学技术文献出版社，1996.

［101］吴贵生，谢骅. 用户创新概念及其运行机制［J］.科研管理，1996（5）：14－19.

［102］刘志迎，陈青祥，徐毅. 众创的概念模型及其理论解析［J］.科学学与科学技术管理，2015（2）：52－61.

［103］RAMASWAMY V. Co－creation of value－towards an expanded paradigm of value creation［J］. Marketing Review St Gallen，2009，26（6）：11－17.

［104］周文辉. 知识服务、价值共创与创新绩效——基于扎根理论的多案例研究［J］.科学学研究，2015，33（4）：567－573.

［105］彭艳君，管婷婷. 家装行业顾客能力对顾客参与价值共创的影响研究［J］.北京工业大学学报（社会科学版），2016，16（1）：27－37.

［106］DRUCKER P F. Post－Capitalist Society［M］. New York：HarperCollins Publishers，1994.

［107］GRANT R M. Prospering in dinamically－competitive environments：Organizational capability as knowledge integration［J］. Knowledge & Strategy，1999，7（4）：133－153.

［108］BUNNIN N，YU J. The blackwell dictionary of western philosophy［J］. Basil Blackwell Booth Anne，2007，19（3）：8－9.

［109］TURBAN E，FRENZEL L E. Expert systems and applied artificial intelligence［M］. London：Macmillan Pub. Co，1992.

［110］ALAVI M，LEIDNER D E. Review：Knowledge management and knowledge management systems：Conceptual foundations and research Issues［J］. Mis Quarterly，2001，25（1）：107－136.

［111］WOOLF H. Webster's new world dictionary of the American language［J］. G. and C. Merriam，1990.

［112］WIIG K M. Knowledge management foundations：Thinking about thinking：how people and organizations create，represent and use knowledge［M］.1993.

［113］VAN DER SPEK R，SPIJKERVET A. Knowledge management：dealing intelligently with knowledge［J］. Knowledge Management and Its Integrative Elements，1997：31－59.

［114］DAVENPORT T H，PRUSAK L，PRUSAK L. Working knowledge：How organizations manage what they know［J］. Journal of Technology Transfer，1999，26（4）：396－397.

［115］刘志国，许静，高玉洁. 隐性知识、知识服务与图书馆的核心能力——关于知识服务几个核心问题的讨论［J］. 图书馆理论与实践，2015（10）：5－9.

［116］赵健宇. 知识创造行为对知识网络演化的影响——以知识贬值和知识活性为参数［J］. 系统管理学报，2016，25（1）：175－184.

[117] 杨宏进．以知识为基础的经济［M］．北京：机械工业出版社，1997.

[118] 李玲，党兴华，贾卫峰．网络嵌入性对知识有效获取的影响研究［J］．科学学与科学技术管理，2008，29（12）：97-100.

[119] 张磊，谢强，王金栋．基于业务过程的知识需求［J］．吉林大学学报（信息科学版），2005，23（6）：679-684.

[120] 野中郁次郎，詹正茂．知识创造型企业［J］．商业评论，2007（8）：134-145.

[121] 刘锦英．知识获取模式研究［J］．科技进步与对策，2007，24（8）：149-152.

[122] 李景峰，刘宗凯．场效应理论下的企业知识转移［J］．情报科学，2010（11）：1612-1615.

[123] 郎宇洁．基于长尾理论面向"众包"的信息服务模式研究［J］．情报科学，2012，30（10）：1545-1549.

[124] PARVANTA C, ROTH Y, KELLER H. Crowdsourcing 101 a few basics to make you the leader of the pack［J］. Health Promotion Practice, 2013, 14（2）：163-167.

[125] 冯剑红．基于众包的数据查询处理关键技术研究［D］．北京：清华大学，2015.

[126] FELIN T, ZENGER T R. Closed or open innovation? Problem solving and the governance choice［J］. Research Policy, 2014, 43（5）：914-925.

[127] WHITLA P. Crowdsourcing and its application in marketing activities［J］. Contemporary Management Research, 2009, 5（1）：15-28.

[128] 谭婷婷，蔡淑琴，胡慕海．众包国外研究现状［J］．武汉理工大学学报（信息与管理工程版），2011，33（2）：263-266.

[129] IPEIROTIS P G, GABRILOVICH E. Quizz: targeted crowdsourcing with a billion（potential）users［C］//Proceedings of the 23rd international conference on World wide web: ACM, 2014: 143-154.

[130] OLIVEIRA F, RAMOS I, SANTOS L. Definition of a crowdsourcing innovation service for the European SMEs［C］//International Conference on Web Engineering: Springer, 2010: 412-416.

［131］ HEO M，TOOMEY N. Motivating continued knowledge sharing in crowdsourcing：The impact of different types of visual feedback ［J］. Online Information Review，2015，39（6）：795 – 811.

［132］ PAPADOPOULOU C – A，GIAOUTZI M. Crowdsourcing as a tool for knowledge acquisition in spatial planning ［J］. FutureInternet，2014，6（1）：109 – 125.

［133］ GIBBERT M，LEIBOLD M，PROBST G. Five styles of customer knowledge management，and how smart companies use them to create value ［J］. European Management Journal，2002，20（5）：459 – 469.

［134］张宝生，张庆普. 虚拟科技创新团队知识流动效率影响因素的实证研究 ［J］.情报科学，2016，35（2）：70 – 76.

［135］李忆，姜丹丹，王付雪. 众包式知识交易模式与运行机制匹配研究 ［J］.科技进步与对策，2013，30（13）：127 – 130.

［136］杜晓君，刘赫. 基于扎根理论的中国企业海外并购关键风险的识别研究 ［J］.管理评论，2012，24（4）：18 – 27.

［137］贾旭东，谭新辉. 经典扎根理论及其精神对中国管理研究的现实价值 ［J］.管理学报，2010，7（5）：656 – 665.

［138］孔勇. 基于 BP 神经网络的军工制造企业供应商选择评价研究 ［D］.哈尔滨：哈尔滨工业大学，2015.

［139］孟韬，张媛，董大海. 基于威客模式的众包参与行为影响因素研究 ［J］.中国软科学，2014（12）：112 – 123.

［140］李柏洲，徐广玉，苏屹. 基于扎根理论的企业知识转移风险识别研究 ［J］.科学学与科学技术管理，2014，35（4）：57 – 65.

［141］杜晓君，杨勃，任晴阳. 基于扎根理论的中国企业克服外来者劣势的边界跨越策略研究 ［J］.管理科学，2015（2）：12 – 26.

［142］林素芬，林峰. 众包参与者中标影响机理研究 ［J］.东南学术，2015（1）：107 – 116.

［143］王佳果，王尧. 基于 NVivo 软件的互联网旅游文本的质性研究——以贵州黔东南肇兴的旅游者文本为例 ［J］.旅游论坛，2009，2（1）：30 – 34.

［144］ AUH S，MENGUC B. Top management team diversity and innovativeness：The moderating role of interfunctional coordination ［J］. Industrial Marketing

Management，2005，34（3）：249－261.

［145］彭凯，孙海法. 知识多样性、知识分享和整合及研发创新的相互关系——基于知识 IPO 的 R&D 团队创新过程分析［J］. 软科学，2012，26（9）：15－19.

［146］ANDERSON J C，NARUS J A. A model of distributor firm and manufacturer firm working partnerships［J］. Journal of Marketing，1990，54（1）：42－58.

［147］ZHANG P. Technical opinion：Motivational affordances：reasons for ICT design and use［J］. Communications of the Acm，2008，51（51）：145－147.

［148］LAKHANI K R，PANETTA J A. The principles of distributed innovation［J］. Innovations，2007，2（3）：97－112.

［149］NONAKA I. The knowledge－creating company［M］. Cambridge：Harvard Business Press，2015.

［150］HARGADON A. How breakthroughs happen：The surprising truth about how companies innovate［M］. Cambridge：Harvard Business Press，2003.

［151］IPE M. The praxis of knowledge sharing in organizations：A case study［D］. Twin Cities University of Minnesota，2004.

［152］YLI－RENKO H，AUTIO E，TONTTI V. Social capital，knowledge，and the international growth of technology－based new firms［J］. International Business Review，2002，11（3）：279－304.

［153］WICKRAMASINGHE V，WIDYARATNE R. Effects of interpersonal trust，team leader support，rewards，and knowledge sharing mechanisms on knowledge sharing in project teams［J］. Vine，2012，42（2）：214－236.

［154］MOHAMED M Z，RICKARDS T. Assessing and comparing the innovativeness and creative climate of firms［J］. Scandinavian Journal of Management，1996，12（2）：109－121.

［155］MOORMAN C，SLOTEGRAAF R J. The contingency value of complementary capabilities in product development［J］. Journal of Marketing Research，1999：239－257.

［156］STOCK G N，GREIS N P，FISCHER W A. Absorptive capacity and new product development［J］. The Journal of High Technology Management Research，2001，12（1）：77－91.

［157］LUBIT R. The keys to sustainable competitive advantage: Tacit knowledge and knowledge management ［J］. Organizational Dynamics, 2001, 29 (3): 164 – 178.

［158］CAVUSGIL S T, CALANTONE R J, ZHAO Y. Tacit knowledge transfer and firm innovation capability ［J］. Journal of Business & Industrial Marketing, 2003, 18 (1): 6 – 21.

［159］SHANE S. Prior knowledge and the discovery of entrepreneurial opportunities ［J］. Organization Science, 2000, 11 (4): 448 – 469.

［160］VAN DER VEGT G S, VAN DE VLIERT E. Effects of perceived skill dissimilarity and task interdependence on helping in work teams ［J］. Journal of Management, 2005, 31 (1): 73 – 89.

［161］黄芳, 马剑虹, 霍荣棉. 企业员工知识共享的理性行为模型 ［J］. 科研管理, 2010 (3): 120 – 126.

［162］YE F. Strategic IT partnerships in transformational outsourcing as a distinctive source of IT value: A social capital perspective ［D］. 2005.

［163］PAULRAJ A, LADO A A, CHEN I J. Inter – organizational communication as a relational competency: Antecedents and performance outcomes in collaborative buyer – supplier relationships ［J］. Journal of Operations Management, 2008, 26 (1): 45 – 64.

［164］刘衡, 李垣, 李西垚, 等. 关系资本、组织间沟通和创新绩效的关系研究 ［J］. 科学学研究, 2010, 28 (12): 1912 – 1920.

［165］马宏建, 芮明杰. 知识管理策略与知识创造 ［J］. 科研管理, 2007, 28 (1): 38 – 41.

［166］TSANG E W, NGUYEN D T, ERRAMILLI M K. Knowledge acquisition and performance of international joint ventures in the transition economy of Vietnam ［J］. Journal of International Marketing, 2004, 12 (2): 82 – 103.

［167］NORMAN P M. Knowledge acquisition, knowledge loss, and satisfaction in high technology alliances ［J］. Journal of Business Research, 2004, 57 (6): 610 – 619.

［168］马柯航. 虚拟整合网络能力对创新绩效的作用机制研究——知识资源获取的中介作用 ［J］. 科研管理, 2015, 36 (8): 60 – 67.

［169］SOO，CHRISTINE W，MIDGLEY，et al. The process of knowledge creation in organizations ［R］. Available at SSRN：https：//ssrn. com/abstract = 376080，2003.

［170］卢纹岱. SPSS for Windows 统计分析 ［M］. 北京：电子工业出版社，2002.

［171］杨静. 供应链内企业间信任的产生机制及其对合作的影响——基于制造业企业的研究 ［D］. 杭州：浙江大学，2006.

［172］马庆国. 管理统计：数据获取、统计原理与 SPSS 工具与应用研究 ［M］. 北京：科学出版社，2002：27 - 42.

［173］SIMONIN B L. Transfer of marketing know - how in international strate-gic alliances：An empirical investigation of the role and antecedents of knowledge ambiguity ［J］. International Business Study，1999，30（3）：463 - 490.

［174］CHESBROUGH H，VANHAVERBEKE W，WEST J. Open innova-tion：Researching a new paradigm ［M］. Oxford：Oxford University Press on De-mand，2006.

［175］ERICKSON L B，PETRICK I，TRAUTH E M. Hanging with the right crowd：Matching crowdsourcing need to crowd characteristics ［C］//AMCIS（2012）Proceedings，2012.

［176］TARASOV A，DELANY S J，NAMEE B M. Dynamic estimation of worker reliability in crowdsourcing for regression tasks：Making it work ［J］. Expert Systems with Applications，2014，41（14）：6190 - 6210.

［177］YE B，WANG Y，LIU L. Crowd trust：A context - aware trust model for worker selection in crowdsourcing environments ［C］//IEEE International Con-ference on Web Services，2015：121 - 128.

［178］EMERY K，SALLEE T，HAN Q. Worker selection for reliably crowdsourcing location - dependent tasks ［M］. Springer，2015.

［179］吕英杰，张朋柱，刘景方. 众包模式中面向创新任务的知识型人才选择 ［J］. 系统管理学报，2013，22（1）：60 - 66.

［180］BARNES S A，GREEN A，HOYOS M. Crowdsourcing and work：In-dividual factors and circumstances influencing employability ［J］. New Technology Work & Employment，2015，30（1）：16 - 31.

［181］LI H, ZHAO B, FUXMAN A. The wisdom of minority：discovering and targeting the right group of workers for crowdsourcing ［C］//International Conference on World Wide Web, 2014：165 – 176.

［182］郑海超, 侯文华. 网上创新竞争研究综述 ［J］. 科学学与科学技术管理, 2011, 32（1）：82 – 88.

［183］LI H, LIU Q. Cheaper and better：Selecting good workers for crowdsourcing ［C］// Third AAAI Conference on Human Computation and Crowdsourcing, 2015：20 – 21.

［184］TUDOSE T. User identification with a community and its impact on work motivation and task effort in an innovative online crowdsourcing community ［J］. Comparative Biochemistry & Physiology Part A Molecular & Integrative Physiology, 2012, 157（157）：S9.

［185］YANG J, ADAMIC L A, ACKERMAN M S. Competing to share expertise：The taskcn knowledge sharing community ［C］//International Conference on Weblogs and Social Media, Icwsm 2008, Seattle, Washington, USA, March 30 – April, 2008：161 – 168.

［186］ZHENG H, LI D, HOU W. Task design, motivation, and participation in crowdsourcing contests ［J］. International Journal of Electronic Commerce, 2011, 15（4）：57 – 88.

［187］GEFEN D, GEFEN G, CARMEL E. How project description length and expected duration affect bidding and project success in crowdsourcing software development ［J］. Journal of Systems and Software, 2016, 116：75 – 84.

［188］DI GANGI P M, WASKO M. Steal my idea！Organizational adoption of user innovations from a user innovation community：A case study of Dell IdeaStorm ［J］. Decision Support Systems, 2009, 48（1）：303 – 312.

［189］钱芝网. BP 神经网络及其在供应商选择评价中的应用 ［J］. 工业工程与管理, 2011, 16（3）：1 – 7.

［190］YANG J, ADAMIC L A, ACKERMAN M S. Crowdsourcing and knowledge sharing：strategic user behavior on taskcn ［C］//Proceedings of the 9th ACM conference on Electronic commerce：ACM, 2008：246 – 255.

［191］孟庆良, 郭鑫鑫, 蒋旋. 众包创新模式下关键用户知识源识别研

究 [J]. 科技进步与对策, 2015, 32 (16): 128 – 134.

[192] FRUCHTER G E, SIGUÉ S P. Managing relational exchanges [J]. Journal of Service Research, 2004, 7 (2): 142 – 154.

[193] CASIMIR G, LEE K, LOON M. Knowledge sharing: influences of trust, commitment and cost [J]. Journal of Knowledge Management, 2012, 16 (5): 740 – 753.

[194] BOCK G – W, ZMUD R W, KIM Y – G, et al. Behavioral intention formation in knowledge sharing: Examining the roles of extrinsic motivators, social – psychological forces, and organizational climate [J]. MIS quarterly, 2005: 87 – 111.

[195] HASHIM K F, TAN F B. The mediating role of trust and commitment on members'continuous knowledge sharing intention: A commitment – trust theory perspective [J]. International Journal of Information Management, 2015, 35 (2): 145 – 151.

[196] ZHANG Y, FANG Y, WEI K – K, et al. Exploring the role of psychological safety in promoting the intention to continue sharing knowledge in virtual communities [J]. International Journal of Information Management, 2010, 30 (5): 425 – 436.

[197] FANG Y – H, CHIU C – M. In justice we trust: Exploring knowledge – sharing continuance intentions in virtual communities of practice [J]. Computers in Human Behavior, 2010, 26 (2): 235 – 246.

[198] JAIN K K, SANDHU M S, GOH S K. Organizational climate, trust and knowledge sharing: insights from Malaysia [J]. Journal of Asia Business Studies, 2015, 9 (1): 54 – 77.

[199] WEI C, BAI Y, CHENG P. Knowledge trading in supply chain partnerships: The role of trust and relationship commitment [J]. International Journal of U – and E – Service, Science and Technology, 2016, 9 (6): 295 – 310.

[200] FATIMA A, IMRAN R, SHAHAB H, et al. Knowledge sharing among Pakistani IT professionals: Examining the role of procedural justice, pay satisfaction and organizational commitment [J]. Advanced Science Letters, 2015, 21 (5): 1189 – 1192.

[201] HE W, WEI K – K. What drives continued knowledge sharing? An in-

vestigation of knowledge – contribution and – seeking beliefs [J]. Decision Support Systems, 2009, 46 (4): 826 – 838.

[202] 商宪丽, 王学东. 学术博客用户持续知识共享行为分析: 氛围感、交互感和价值感的影响 [J]. 情报科学, 2016, 34 (7): 125 – 130.

[203] ABU SALEH M, YUNUS ALI M, SAAD ANDALEEB S. Explaining industrial importers'commitment from an emerging market perspective: Theoretical and managerial insights [J]. Journal of Business & Industrial Marketing, 2014, 29 (1): 45 – 62.

[204] CHANG W – J, LIAO S – H, LEE Y – J, et al. Organizational commitment, knowledge sharing and organizational citizenship behaviour: the case of the Taiwanese semiconductor industry [J]. Knowledge Management Research & Practice, 2015, 13 (3): 299 – 310.

[205] YEN Y – R. An empirical analysis of relationship commitment and trust in virtual programmer community [J]. International Journal of Computers, 2009, 3 (1): 171 – 180.

[206] CHENG J – H, FU Y – C. Inter – organizational relationships and knowledge sharing through the relationship and institutional orientations in supply chains [J]. International Journal of Information Management, 2013, 33 (3): 473 – 484.

[207] RINDELL A, MYSEN T, SVENSSON G, et al. A validation of inputs and outputs of satisfaction in business – to – business relationships through a Nordic comparison [J]. International Journal of Procurement Management, 2013, 6 (4): 424 – 443.

[208] HUANG M C, HSIUNG H H, LU T C. Reexamining the relationship between controlmechanisms and international joint venture performance: The mediating roles of perceived value gap and information asymmetry [J]. Asia Pacific Management Review, 2015, 20 (1): 32 – 43.

[209] ROKKAN A I, HEIDE J B, WATHNE K H. Specific investments in marketing relationships: Expropriation and bonding effects [J]. Journal of Marketing Research, 2003, 40 (2): 210 – 224.

[210] VÁZQUEZ R, IGLESIAS V, RODRÍ GUEZ DEL BOSQUE I. The efficacy of alternative mechanisms in safeguarding specific investments from opportunism

［J］. Journal of Business & Industrial Marketing, 2007, 22 (7): 498 – 507.

［211］ BURKLEY E, ANDERSON D, CURTIS J, et al. Vicissitudes of goal commitment: Satisfaction, investments, and alternatives ［J］. Personality & Individual Differences, 2013, 54 (5): 663 – 668.

［212］ ANDALEEB S S. An experimental investigation of satisfaction and commitment in marketing channels: The role of trust and dependence ［J］. Journal of Retailing, 1996, 72 (1): 77 – 93.

［213］ KARJALUOTO H, JAYAWARDHENA C, PIHLSTRÖM, et al. Effects of service quality, trust, and perceived value on customer loyalty: The case of mobile subscribers ［C］ //Proceedings of the 2009 Academy of Marketing Science (AMS) Annual Conference, 2015: 179 – 179.

［214］ FELLER J, FINNEGAN P, HAYES J, et al. "Orchestrating" sustainable crowdsourcing: A characterisation of solver brokerages ［J］. The Journal of Strategic Information Systems, 2012, 21 (3): 216 – 232.

［215］ BENNER P, SAAK J. Numerical solution of large and sparse continuous time algebraic matrix Riccati and Lyapunov equations: A state of the art survey ［J］. GAMM Mitteilungen, 2013, 36 (1): 32 – 52.

附录1 用于扎根理论分析的部分
原始资料示例

1. 海外美女雇主范明琨

任务中国：刚来任务中国发任务，对任务中国有什么感觉？

范明琨（以下简称明琨）：当时不太了解，觉得挺复杂，不过我整体地浏览过网站，看了觉得还是很清楚的，在线客服比较好，有什么不明白的都可以问，而且都会一一解答。

任务中国：那在任务中国发的第一个任务，对提交的作品还满意吗？

明琨：刚开始的一些一般，到最后几天才有满意的作品。这期间和在线客服沟通过，他建议我可以多写写交流信息，后来发现写交流信息还是很有用的，这样工作者可以看到，比较容易做出符合要求的作品，之后的作品就比较满意了，我还把任务中国推荐给了我的朋友。

任务中国：发布任务后，你觉得要收到好的作品有什么诀窍吗？

明琨：一是叙述任务时要清楚，给出参考的图案或者其他相关信息；二是多和工作者交流，及时给出任务补充，引导工作者。

任务中国：那有没有要对其他的雇主说些什么？

明琨：要收到满意作品，就要给工作者清楚的任务信息。另外也要尊重工作者，可能的话就给工作者一些回复，不然单向沟通会很辛苦，发站内信就比较好，或者直接 QQ 交流。

任务中国：可以谈谈你在任务中国发任务的经历吗？

明琨：从哪里讲起呢？我首先仔细地浏览了一遍任务中国的网站，然后又详细地咨询了在线客服怎么发布任务，就开始我在任务中国的旅程了，总体来说，第一次在网上征集 Logo（商标），觉得很新奇，因为在国外没有这样的形式，就算找个设计师设计，也会花很多钱，在任务中国却找到了自己满意的 Logo，费用也在我们预算当中，很合适。

2. 陆世兴：为威客着想的贴心雇主

当任务中国问道，收到好的作品有什么诀窍的时候，陆世兴也像其他雇主一样，说出了一点，就是要把设计要求写得非常清楚，还要跟威客交流清楚，尽量少走弯路，只有设计师明白设计要求，才能设计出符合的作品来。没错，只有认真的雇主，才会有更认真的威客，这样威客在做任务的时候，才能省时省力地把任务做好。

在夸奖之余，陆世兴还给任务中国提了个小建议，"我觉得任务中国在各方面都做得很到位，对任务还有发布后的回访调查，对雇主服务都非常到位，要改善的就是对威客们的服务要加强，因为中标都只有一个，对其他威客有一定心理打击，所以，任务中国最好能对威客有一个更好的回报平台，如参加任务拿 Q 币或者参加过多少个任务可以拿奖品等一些措施，鼓舞士气。我的建议就是这么多，最后希望任务中国这个大平台越办越好。"

3. 黄之平：拥有梦想的快乐威客

任务中国：你是什么时候注册的任务中国呢？

黄之平：2009 年 12 月 10 日。

任务中国：当时是怎么知道的任务中国呢？

黄之平：是在网络上搜索的，其实在大学的时候，大概是 2005 年那会儿已经知道威客是中国新型的工作模式，后来差不多工作 3 年多才有了网赚的想法。上网查询发现任务中国比较好就注册了。

任务中国：到现在大概做了多少任务了？

黄之平：做了有 138 个吧。

任务中国：讲讲给你印象最深刻的一个任务吧？

黄之平：有可能大家都记不清中了多少次标了，但是我想，最深刻的永远是第一次中标。我的第一单经历了迷茫、惊喜、痛苦、折磨、绝望，最终才成功。那是 2010 年 1 月初，我的第 37 个任务，任务是设计一个建筑公司的 Logo，那会儿做得我差点失去信心了。当时下班在站台上还在想着设计的事情，抬头望向对面的高楼突然有了灵感。回家饭都没吃就动手设计了那个 Logo，第二天中午雇主打电话让我修改。当时非常兴奋，边吃快餐边画图。好事多磨，因为开始没实名所以我只能交 3 个稿件，而最终雇主选定的那款没能交上去，所以没法选标。我当时不知道自己交的稿件雇主是无法看到的所以不停地交稿，然后雇主不停地说没有看到，把我们俩搞得都很郁闷。最后我们的客服出手帮我把那个稿件交了上去，真是感谢这位客服啊。而且非常巧合的是选标那天是我结婚办酒席的当天，哈哈，双重的幸福啊！

任务中国：对于中标你有什么心得吗？

黄之平：我觉得任务中国的竞标如同战争一样，激烈残酷，情况复杂。所以要做到知己知彼，特别要了解雇主的需求和他的喜好，最好多了解雇主的情况，越详细越好。此外做任务的时候要持有"五心"：①面对挑战要有信心，要相信自己能行；②设计的时候要细心，对待每个设计都应该认真负责；③久战不下要有耐心，对待雇主要友好，雇主的要求没有过分的；④参加任务要有恒心，不要一两天不中单就不参加任务了；⑤看待结果要有平常心，胜不骄败不馁。古人常云：功夫在诗外，我们平时还应该开阔视野，多看书、学习，对生活保持童心、好奇、乐观。

任务中国：最后，对任务中国有什么建议或是意见吗？

黄之平：觉得任务中国的宣传力度应该加大一点，可以在一些一线城市做点户外广告；然后觉得客服可以更专业，打假更有力；服务效率更高，更亲切。给大家营造一个良好的氛围，这样会发展得更好！

4. 陈晓：高成就　低姿态　方有好作品

任务中国：什么时候注册的任务中国呢？

陈晓：2008年注册的。

任务中国：当时是怎么知道任务中国的呢？

陈晓：那时候刚辞了职，没工作，听了我姐的建议，打算学室内设计，就整天在网上瞎逛，前途有点迷茫，我发现有个名词叫"网赚"，很是兴奋，当时还很好奇地在网上搜了一下，就找到了任务中国，那时候任务中国百度搜索排名是第一，一开始也持怀疑的心态，不过现在是100%肯定任务中国是真实、可信的知识和智慧的交易平台。

任务中国：到现在做了多少任务了？

陈晓：差不多做了600多个了。

任务中国：讲讲给你印象最深刻的一个任务吧？

陈晓：印象最深的当然是第一个任务了，那时候也没做什么大任务，是一个找人任务，任务金只有30元，任务是找一个爱好收藏青花瓷的朋友。正好我有个朋友有这爱好，所以就选了这个任务，经过我介绍，他们真成了志同道合的朋友，我也第一次从网上赚到钱。

任务中国：做了这么多的任务，有什么心得吗？

陈晓：①主要是挑一些胸有成竹的任务，不要做自己不熟悉的，这样中标率也会提高。②不要"大鸡不吃小米"，高架子不能摆。当然如果你是身怀绝技的 Designer（设计者）另当别论，一般小任务高手也是很少参加，有也是不多。你如果能提交好作品，中标率也会提高不少。③心态要好，即使你的作品再好，不同雇主审美不同，没有选你你也不要过于在乎，就当是练习作品吧，不可能把把都会赢。希望这三个心得对大家有帮助。

任务中国：最后，对任务中国有什么建议或是意见吗？

陈晓：提一个小建议。希望提现的速度能跟充值的速度一样快，这样会方便很多，其他的就没有了，希望任务中国以后越来越好！

5. 一个做事认真谨慎的优秀设计师

任务中国：你当时是怎么知道任务中国的呢？

陈小娴：当时是公司的同事介绍的。有一次他把任务中国的网址发给我，说上面有很多设计方面的任务，可以去看看。当时我打开网页，看到任务中国的任务列表，感觉挺新奇的。因为我以前根本就不相信通过网络可以赚钱，所以就想着试一试。

任务中国：到现在已经做了多少个任务了呢？

陈小娴：参加任务 289 个，中标任务 73 个。

任务中国：讲讲给你印象最深刻的一个任务吧。

陈小娴：印象最深的就是第一次中标了。我还记得当时我中标的是一个 Logo 设计任务，刚到任务中国 2 个月的时间，很辛苦很辛苦地画，参加了 60 多次任务都以失败告终。于是我就快放弃了，我觉得这里的高手实在太多了，压力太大。结果竟然在做第 63 个任务的时候，我中标了，虽然当时只有 200 块钱，但是我特别地高兴。

任务中国：你觉得中标有什么诀窍吗？

陈小娴：一开始的时候中标很难，毕竟经验太少。但在一个竞争激烈的环境中，人其实很容易成长。意思就是，跟着一群高手学习，从最初的模仿到慢慢地有自己的设计风格。至于中标的诀窍，我个人的感觉就是一定要理解雇主的意图。我目前在任务中国是专攻页面设计的任务，每次在动手画之前，一定会先跟雇主沟通他的喜好。比如，他偏好什么颜色，喜欢什么设计风格，中国风还是欧美风等。因为只有了解雇主的偏好，才能更好地完成设计，帮助雇主实现他们想要的页面。

任务中国：最后，对任务中国有什么建议或是意见吗？

陈小娴：我希望任务中国越办越好，因为这个平台确实不错，是一个能让新人快速成长的一个平台。相信能在任务中国坚持下来的人，在现实中，也会是一位优秀的设计工作者。

6. 实力派威客一哥：两个多月连中7标

任务中国：你在任务中国两个多月，赚到25个信用值，你是怎么做到的？

一哥：我觉得主要还是和雇主多沟通吧，要尽量明白雇主的需求，这样做任务的时候目标性更强一些，做出来的稿件会更符合雇主的需求和品位。

任务中国：做威客和平时工作的最大区别是什么？

一哥：因为我现在是在地产公司任职，平时的设计工作就是公司项目的一些稿件；而做威客，能接触到平时所不涉及的很多行业，竞争也相当激烈，促使自己的设计水平提高很快，而且也能拓宽自己的知识面，总体来说，做威客能使自己快速地成长！

任务中国：做威客竞争很激烈，你是怎么看待中标和落标之间的差异？

一哥：能中标自然很好，说明雇主认可了自己的作品，能提高自己把威客做下去的信心，但也不能骄傲，不能认为自己的作品就是所有参加者之中是最好的。落标也不能气馁，要看到自己和中标者之间的差距到底在哪里！其实，不管中标与落标，最重要的是在这个过程中，自己学到了东西，提升了自己。

任务中国：心态很好，值得大家去学习，任务中国高手如云，做威客竞争真的很激烈。

一哥：平时在我们群里也是能听到很多人叫苦，不过还好了，我发现我们群里的人都很积极，虽然很多人的信用都是0或者很低很低，但我们都在努力去做，都在坚持！也非常欢迎更多的威客朋友加入我们的威客群，群号是：19457232。

任务中国：欢迎愿意分享做威客经验的朋友加入这个群。赚到这25个信用值，你最大的感触是什么？你会为之骄傲吗？

一哥：最大的感触啊，还是要坚持吧，曾经也想过退出不做了，但后来还是又坚持过来了！这 25 个信用值其实也没什么好骄傲的，毕竟在我前边还有很多很多的高手，我必须要努力去追赶。

任务中国：在任务中国最让你刻骨铭心的事情是什么？

一哥：最刻骨铭心的事啊，说心里话，做威客，报酬本来就比现实中要低很多很多，而且设计者还要面临巨大的竞争压力，但在此情况下，还有极少数雇主会有作弊行为，窃取设计者的劳动成果，例子我就不举了。在这里我只想说，做威客真的很辛苦，希望广大雇主朋友们能够体谅我们的这种辛苦，能够尊重我们的劳动成果！我们也会尽自己最大的努力，去帮你们做好每一份设计工作。

任务中国：对于作弊的雇主任务中国一直采取严打的措施。同时希望大家多跟任务中国站在一起，寻找确凿的证据，你们的群主就做得很棒，希望大家多多支持我们，也欢迎你们加入到我们的监督团队里面去。

一哥：对呀，我得提一下我们群主，他真是抓作弊的高手。我们都会严厉打击作弊，做好监督工作！维护广大威客朋友的利益！

任务中国：随着信用值的积累，你们多多参加招标任务和快速任务，这两个任务是一对一的交易，是不会存在作弊的。

一哥：嗯，不过我现在还没做过快速任务，还需要继续努力哦！

任务中国：你对新手威客有什么话要说？

一哥：对于刚做威客的朋友，我想说的是中标的心理别太迫切，要怀有一颗平常心，别老想着中标，在群里我见过有朋友说，我都做了上百个任务了都还没中过。记得以前有威客朋友说过，赶数量不如赶质量，这句话说得很对，要认真对待每一次的任务，要把每一次的任务做到尽善尽美，首先要自己很满意，这样中标的希望就会更大一些！还有就是刚做威客一定要坚持，要有恒心和信心！

任务中国：你对任务中国有什么好建议吗？

一哥：我有一点小意见啊，不知道可不可行，就是每次雇主选出中标作品以后，其他工作者的作品能不能自动设置成隐藏呢，现在很多工作者都在说这个！其他的威客网站我也都看过，我觉得咱们任务中国，做得还是很不错的。

任务中国：公示期是所有的作品都要接受公示，你所说的是任务全部完成以后，把你们的作品隐藏起来，对吗？

一哥：个人觉得，公示应该只把雇主选的中标者的作品公示，接受大家监督，这样能更好地保护其他工作者的作品不被剽窃，以上是个人想法。

任务中国：谢谢你的意见，公开的目的也是帮其他工作者推广和展示。新来的雇主看到作品后很可能主动和他联络，这是针对我们的快速任务而设置的。

一哥：您说的也很有道理，很多事情大概就是这样吧，不能十全十美，呵呵！借这个机会，我要感谢一下我老婆，这两个多月来，是她一直在背后默默地支持我，很多时候都是白天在单位上班，晚上回家做威客，有时候周末还要给雇主改稿，陪她的时间自然少了，不过她也很理解，一直很支持！因为她也是学设计出身的，也给了我很多意见和建议！

7. 彭殊：不当言论将让你失去中标概率

任务中国：首先恭喜你的设计作品被不少雇主所青睐！谈谈你的设计心得及创意经验吧！

彭殊：很高兴接受任务中国的专访。对于设计心得，我想说的是多看（认知）、多想（睡前发散思考）、多做（体验）。创意是在经过平时大量思考后，偶然或必然形成的。就拿我们在超市中常用的手推车为例，其实手推车是一个很有意思的组合：汽车（四轮）＋手提篮＝手推车。

任务中国：你有没有自己最欣赏的设计大师？你是怎么看待设计这份工作的？

彭殊：克劳德·霍普金斯、大卫·奥格威是我最为崇拜的对象。他们将创意看作"创造生意"，因此给很多企业带来了巨大效益，这才是真正的设计。

任务中国：设计给你带来最大的感受是什么？快乐，兴奋，烦躁，还是郁闷？为什么？

彭殊：快乐与兴奋，在艰苦得设计出一套很满意的作品时，带给自己的是快乐与兴奋的感受，从而也间接性地带给别人快乐。

任务中国：哪些软件是你现在最常用的设计软件，为什么？

彭殊：Photoshop、Illustrator，基本可以做出自己想要的效果。

任务中国：在任务中国赚了近20000元钱了，有什么特别心得吗？

彭殊：技术是最基本的。和我竞标的朋友技术比我好的不在少数，但为什么没中？大家往往忽视了交流的重要性——但绝对不是自以为是地将自己观点强加给雇主，而是按照雇主的意思，用心将自己的理念与雇主要求完美融合。我看见很多大额任务中的任务交流有一些针对雇主的不当言论，其实这对自身中标完全没有帮助。换位思考下，你作为雇主，看到有人说"选我，我的是最好的，其他都是没水平的，你选了他们你也是没水平"诸如此类的话，你不会反感吗？你还会选这样的（即使他做得真的很棒）设计师中标吗？

任务中国：也许，设计师对于中标的心情过于急迫了些……

彭殊：再急迫也不能乱来。你空有一身好本领，到头来让自己中不了标的其实就是细节。大家可以看看其他在任务中国中标多的设计师，哪个不是兢兢业业地完成雇主要求，却没半句怨言。有耍嘴皮子的功夫，不如将心比心，看看自己到底做错了多少。在一两百个甚至两三百个作品中脱颖而出的中标概率对每个竞标者而言本来是均等的，结果自己的言行给自己减了分——从第一个不当言论开始，你就已经失去中标机会了。

任务中国：看来细节决定成败啊……

彭殊：是的。有感而发，说得多了一些，直白了一些，还请大家见谅。绝大部分工作者还是很不错的，就是为那些极个别的感到遗憾啊：你们真是自己断送了自己中标的路。

任务中国：呵呵，相信他们看到你的这番话后一定会有所醒悟的。非常感谢你接受我们的采访，祝你早日突破 20000 元中标大关！

彭殊：也谢谢任务中国给了我这样一个好的平台服务雇主，谢谢！

8. 杨栋：两个月在任务中国已赚了 4000 多元

任务中国：生活中你是个怎样的人？

杨栋：我 15 岁时得了一种病，无法上学，只能辍学在家。后来因为身体原因，学习工作也四处碰壁。20 岁时，我下定决心，一定不能再靠父母，要自己养活自己，从此开始自学电脑。刚接触做网页时，那时自己还没有电脑，只能在网吧做，一做就连续四五天。经过四年的努力，我现在已经可以用制作网页来挣钱。上天对每个人是公平的：他虽然夺去了我接受学校教育的权利，却让我从生活中变得更自信。

任务中国：从生活的角度，谁对你的影响最大？从设计的角度，谁对你的影响最大？

杨栋：我觉得生活和设计都是一个成长的过程，面对复杂的人和事，有时选择吸收，有时选择拒绝。就设计而言，我最欣赏的是那种将艺术与科技结合，把情感和商业融合的设计。我相信，完美是可以追求的，这也是促使我在设计的道路上不断前行的动力。

任务中国：说得很好。有什么中标诀窍与我们分享吗？

杨栋：我有三个心得与各位分享。

心得一：阿 Q 激励。威客讲究优胜劣汰，不管在现实生活中如何优秀，在任务中国你都会遭遇被淘汰的危险。这个时候，我们就需要利用一些阿 Q 精神来自我激励——失败也没关系，何况你又发现了一个让你失败的原因。

心得二：虔诚沟通。虔诚沟通不是敷衍雇主，也不是讨好雇主，更不是欺骗雇主；而是以实事求是的态度，从与雇主的交流中知道他想要的东西，然后再根据自己的水平使其实现。

心得三：借鉴提炼。大家一定要把借鉴和"作弊"区分开来。作弊的核心是抄袭，借鉴的核心是借鉴创意的方式、灵感的来源。我们需要大量阅读与领略同行的中标作品，从艺术与欣赏层次分析其核心意义，这样就能让灵感变得丰富而饱满，如此一来中标的概率也将大为提升。

任务中国：相信大家掌握了你这三个心得，一定能在以后的投标中增加胜算。对了，你有没有想过，到老了设计不动时选择怎样的生活方式？

杨栋：暂时还没想过这个问题。其实挺满足现在这种生活状态的，再继续个十几年我也乐意——到时候任务中国会变成什么样呢，很期待哦。要真有一天能好好休息了，我希望什么事都不想，安静地躺在海滩上晒太阳。

任务中国：相信到时候赚的钱足够让你安心养老了（笑）。有什么话想最后对任务中国 200 万名会员说的？

杨栋：还是想强调下沟通的重要性。一定要和雇主电话联系，最起码也要用 QQ 或 MSN 联系，不然没效果；沟通时即使不能让雇主满意，也应该坦诚说出自己的意见，以期力所能及地解决问题。因为要中标的话，除了自身实力外，其他因素也是非常重要的——这里我指的就是沟通了。

9. 牛凯：成功取决于能力的大小

任务中国：你是怎么知道任务中国的呢？

牛凯：前段时间，由于公司设计任务比较少，自己的业余时间又相对充裕，闲来无事就打算做一做兼职，充实下自己的业余生活。朋友推荐我找一找威客网搜索点儿任务做，一方面能够提高自己的能力和设计水平，另一方面又能够增加自己的收入，于是就找到了任务中国，并注册成为了一名威客。

任务中国：那你做了那么多的任务，印象最深刻的是哪个？

牛凯：最深刻的一个任务，也是我在任务中国第一次中标的，就是"1000 元急招校园同学录模板"这个任务。本来在我看到这个任务的时候，它的剩余时间已经不足 4 小时了，我大致地看了下已经提交的作品之后，决定给雇主留个消息，建议他延长时间，这样的话一方面能够给我和我的团队足够的时间来为雇主设计作品，另一方面雇主也可以继续挑选合适的作品。最后我和雇主达成了一致，雇主延长时间，并对我提出要求，至少要做 10 种不同风格的模板，最后会选择出 5 个最满意的作品。在整个团队的努力下，最终满足了雇主的要求，同时，雇主也给予了我们团队很高的评价。在这个过程当中，我们感觉到，能够满足雇主的需求是对我们整个团队最大的激励，只有这样，才能让我们有动力继续做下去，不断地学习、不断地提高自己各方面的能力。

任务中国：你觉得中标有什么诀窍吗？

牛凯：首先，在选择任务之前，一定要清楚自己的能力范围，明明 2 元钱的商品，你拿 1 元钱去买，店主肯定不会卖给你，同样地，如果选择的任务已经超出了自己的能力所在，那么一定会给自己造成困扰，万一没有被选中，很可能会打击自己的信心。所以，在选择任务的时候，要看好任务的要求，了解雇主的需要。其次，在制作当中，要全心全意地去做好每一位雇主提出的要求，尽量地在满足雇主的同时再做得更好些，让雇主明白，我们对于每个小细节都用心去做，这样才能够得到雇主好的评价并取得雇主的信任。

任务中国：在任务中国做任务，有什么心得吗？

牛凯：心得吧，就是要仔细阅读雇主提出的要求，搞清楚雇主的需求，用心做好每一个设计稿。如果有不懂的地方，尽快与雇主取得联系，了解雇主的最新需求，才有机会中标。

任务中国：最后，对任务中国有什么建议或是意见吗？

牛凯：希望任务中国在以后的发展运作当中会越来越好，多发布一些适合中高端平面设计师的任务，当然，这要取决于雇主。也希望所有的威客在以后的威客生涯中，取得更好的成绩、更可观的收入！

10. 吕思政：擅长电商设计的他要给一品通打满分

吕思政，90 后，在一家公司担任设计师，在校期间也有两次实习工作经历，且均与平面设计相关。

在对吕思政的采访中，他提道："因为一直都是在做设计工作，服务过的电商卖家也比较多，做电商设计是比较专业的。通过经验的积累，我总结出了自己的服务理念。做电商设计，我的理念就是四个字——减少思考。"

电商的详情页不仅仅是陈述商品信息，还包括了卖点解析、引导购买等实实在在影响转化率的因素。因此做电商详情页设计是一个很复杂的逻辑推理过程。要把页面做得"简单"，让别人一看就懂，这是一门艺术。

2017 年 2 月中旬，吕思政通过网络搜索看到了一品威客网的消息。经过了解，他考虑到这个平台，以后可能会为他现在就职的公司带来更快、更好的机遇，因此他想先自己过来探探路。他说："当然了，自己多赚点外快也是极为重要的。"

他觉得一品通的精准的订单投递是非常好的，可以节约时间，而不要自己去找。现在，他的邮箱上已经收到平台推荐的许多订单信息。

面对线上的激烈竞争，吕思政表示，自己有考虑过如何应对的问题。他说："一品威客网平台上服务商很多，竞争确实激烈。我认为有两点很重要。首先是自身的能力要不断提高，要能拿得出优秀的作品，自然不愁没人来找你。其次是放大自己的差异化，要跟别人不一样，但与此同时也要注意尺度的把握。对自己做的东西要有一个更明确的指向性，最好能把一样或者两样做到最精。这样更容易让别人知道你的存在，吸引客源则是指日可待。"

11. 吴印全：1994 年小生初入一品威客网　志气满满、雄心勃勃

吴印全给人的印象是慢热，幽默又带感；策划、设计、摄影均有涉及，可谓是斜杠青年。以下是对印全的采访。

一品威客：现在工作室团队情况如何？

吴印全：做威客的话主要是我，其他还有两个辅助设计师：一个平面设计；一个室内设计。

一品威客：当初为什么选择加入一品威客网？

吴印全：之前有尝试过线上接单，觉得还不错，一方面对于新成立的团队来说增加了客户来源；另一方面是因为一品威客网的客服人员专业、尽责，所以最后抱着试试看的心态加入了。

一品威客：工作室取名"蔚莱"有什么特别的含义吗？

吴印全：蔚，四季常青；莱，是一种草本植物，寓意工作室业绩日日昌盛。

一品威客：加入一品威客网后，未来有什么打算？

吴印全：一年内扩大团队规模至 20 人，业绩破百万元。

12. 北京追梦创软科技有限公司

北京追梦创软科技有限公司（以下简称"追梦创软"）是一家以网站开发、手游制作、手机应用程序（APP）开发为主的知名科技公司，秉承"发现美，创造美"的设计理念，目前已成功服务上百家企业。

加入一品威客网后的两个多月里，他们接到了近 10 万元的单子。员工基本每天都没有多少休息的时间。可以说，一品威客网线上渠道的拓展为追梦创软发展带来了意外的收获。

追梦创软合伙人崔清恩表示："一品威客网帮助用户解决了创意设计、开发等问题，通过吸引我们这样的技术型、服务型公司，使用户和服务商实现了完美对接。"

对于一品威客网推出的直接雇用模式，崔清恩认为："直接雇用模式有效简化了流程，实现了高效对接，让更多有能力的人能够脱颖而出，用户可以优中择优。"

崔清恩提到，曾经追梦创软不清楚能够走多远，但正是线上线下的有机结合，为公司提供了更多可能性，创造了一个又一个不可能。在接到订单后，公司会为客户分析核心需求进而解决问题，而不是一切只向钱看。追梦创软的优秀企业文化，也让他们获得了许多客户的信赖。

13. 干阳：在行业里深耕

干阳就读于成都东软学院，学校有专门供学生实践创业的机构，并且成立了一个校友创业联盟。干阳第一次听说一品威客网正是在这里，很多联盟公司都是在一品威客网平台进行线上接单。

毕业后，干阳凭借着在大学时期积累的经验，成立了成都先讯物联网技术有限公司（以下简称"先讯物联"）。

2017 年 10 月，先讯物联正式入驻一品威客网。在入驻平台之前，先讯物联陷入线上业务单薄，而线下拓展客户周期太长的窘境；而入驻以后，公司在平台上的订单开始逐渐增加，业务上向着越来越好的方向发展。强有力的团队是先讯物联的核心。先讯物联的主干人员经验丰富，并且通过一年的技术磨合达到了非常高的默契程度，在研发上也积累了丰富的经验。先讯物联形成了系统的运作模式，由商务经理负责谈判沟通，详细了解客户的需求，之后在此基础上和技术人员沟通技术方面的细节，技术人员会根据需求定制一套最优的解决方案，最终达成双方的合作。先讯物联在一品威客网平台上越来越有品牌效应，同时在这一时间里找到适合的细分行业，在行业里深耕，能开始研发和运营自己的产品。

14. 刘金山：1997 年的小鲜肉，在一品威客网开启了设计师之路！

刘金山，在上课之外经常会自学有关设计的教程，逛设计网站，学习资深设计师的作品充实自己，积极参加学校的各种比赛。

刘金山广泛涉猎设计创意网站，并在无意中接触了一品威客网，经过详细了解后，在一品威客网开设商铺，从而开始了接单赚钱的日子。暑假伊始，刘金山就开始尝试接单子。因为擅长平面设计，刘金山一直都是选择 Logo 设计方面的任务，之前参与过四次任务，可惜没有中标。刘金山并没有因此而气馁，他继续在任务大厅寻找适合自己的设计任务。

正值 2017 年厦门国际动漫游戏商务大会在一品威客网上征集会标，刘金山认准了这个机会。他介绍说："考虑到是国际动漫展，大家来自五湖四海，所以想着什么东西既能代表动漫又能代表大家千里来相聚这个寓意，按着这个思路，我就想到了孙悟空的筋斗云。然后在筋斗云上加点元素，就加了一个字母 X，代表历届举办地厦门。中间四个镂空部分代表着游戏手柄的按钮，游戏也是大会的重要项目。颜色方面，则采用了蓝色到红色的渐变，因为是动漫游戏商务大会，少不了交流，大家都是从陌生到熟悉。"

这个会标在众多创意稿件中脱颖而出，不管是设计还是寓意都符合动漫游戏商务大会的要求，这也让刘金山重拾成就感。另外，对于一品威客网的直接雇用模式，刘金山说："我很认可这种模式，尤其是对于还没有步入工作的学生挺有锻炼价值的。"

对于设计来说，刘金山认为最重要的是创意，创意是设计的灵魂，这是一个基础也是一个挑战。

15. 威客专访——枫林视觉：专注视觉设计领域

时间财富专程对枫林视觉进行了一次采访，感受到一群爱设计的年轻人的勃勃朝气，了解了他们用热诚和激情所从事的视觉设计事业。

时间财富：请介绍下你们公司的基本情况和业务范围。

枫林视觉：枫林视觉专注于视觉设计和用户体验设计领域。随着时代发展和科技进步，视觉设计从传统行业走向互联网时代，已然成为一种沟通现实与虚拟的媒介。我们也只是刚刚起步并不断在实践中得到提升和丰富。

时间财富：从 2012 年至今，你们一路风风雨雨走过了 6 个年头，相信有很多值得你们铭记的故事或者设计，能否跟大家一起分享一下？

枫林视觉：近年来，公司聚集了一群热爱设计的年轻人组成设计团队，主要在标志设计、视觉识别（VI）系统设计、移动端设计、网页设计领域实现了新的突破和发展。以精于心、简于形的设计理念，用激情与灵感赋予品牌更高的价值；组织专业负责、与公司有共同理念的业务精英，和我们一起稳步发展！就拿近期做的一个项目来说吧，我们为"雅洲音悦"做了一个标志设计。企业的标志包含了企业的理念、经营战略和方针政策等。所以，客户对这个的设计要求很高，也为我们提供很多可以参考的理念。接到任务以后，我们做了充分的前期调研和准备，基本上这个标志的大致轮廓就在我们头脑中形成了。在设计这个标志的时候，我们反复揣摩，反复讨论，反复设计，通过该标志的设计体会到创意设计的灵感来源于生活，并且需要我们不断用心去思考，就好比十月怀胎一般，最后才能诞生完美的作品。

时间财富：展望你们对今后的发展。

枫林视觉：我们不给自己设定终点，但我们坚信我们会走向成功，我们在拼搏中前进。

16. 信用值超过 100 的 Koorise 教你做任务

任务中国：你的信用值现在是 145，你是怎么做到这么高的？其中有什么诀窍吗？

Koorise：诀窍谈不上，应该是要做到勤奋、务实，还要懂得尊重自己的劳动成果。

任务中国：很多刚做威客的朋友赚不到钱，所以很着急，你能给他们一点建议吗？

Koorise：嗯。不要着急，要接自己有把握完成的任务。见到任务不要以很低的报价去接，低价接任务有三方面坏处。

（1）扰乱了整个市场。让雇主觉得你的劳动很廉价。

（2）有的时候，尽管你以很低的报价参加了任务，结果还是没有中标。这样，在你的任务记录上会显示出你参加了很多任务，却没有几个中标，会产生中标率低的问题。

（3）以很低的报价接了任务，却发现任务的弹性较大，付出和收获不成比例。

任务中国：你是凭什么做到这么好的成绩？

Koorise：能力、信誉、兴趣、售前谈判、售后支持等。应该说是综合因素吧。

任务中国：你能跟大家说说做威客任务，怎样才能提高中标率？

Koorise：心态问题。千万不要抱着试试看的心态去做事情，这样既不能中标，自己却也付出了劳动。要认真地做事情，不能有侥幸心理。

任务中国：你做了很多招标任务吧，很多工作者说，没有提前预付任务款不敢做，你敢做吗？

Koorise：怎么不敢？这个应该是售前谈判的问题了。招标、快速任务，如果雇主认可你，应该是会预付任务款的。如果雇主不打算预付任务款的话，我会考虑要求雇主全额付款到任务中。

任务中国：就是说谈判在前，工作在后，对吗？

Koorise：对。

任务中国：为什么有那么多的雇主，邀请你做快速任务，你有推广自己的工作室吗？

Koorise：应该是这样的，第一，要感谢任务中国，将我的工作室位置放在了商业服务页面的首页；第二，有部分是老雇主，在有新的需求或者系统需要升级，又会找到我。在任务中国的感触是：

第一，和雇主做沟通，学会如何做生意了。

第二，比上班还累。

第三，能够完成一项需求，很开心。

任务中国：累并自豪着，对吧。你对工作者最想说的一句话是什么？

Koorise：呵呵，也有虚荣心在作祟吧，这个也得承认。不过能帮人解决问题，确实是一件很快乐的事，"帮人解决问题是一件快乐的事。"

任务中国：如果赚不到钱，咋办呢？

Koorise：为什么总是考虑赚钱呢？双方合作一次也不容易，一定要愉快，双赢。

任务中国：说的有道理。威客任务、招标任务、快速任务三种任务模式，在你的中标率中，大概各排多少？

Koorise：这个倒是没有精确计算过。快速任务居多，招标任务次之，威客任务较少。

任务中国：哈哈，按这么说，工作室得好好推广了，让雇主主动找上门来。

任务中国：你在任务中国最大的感触是什么？

Koorise：任务中国充分考虑工作者的利益，任务款全额支付，免提现手续费等。

任务中国：谢谢，辛苦你了，以后多多跟我们的工作者沟通啊。

Koorise：会的，不客气。

17. 与美女威客精彩对话

今天，任务中国记者团有幸采访到一位职业威客，她也是发现了威客平台这一商机，准备和网络上熟识的威客朋友，筹备一个在线工作团队，专门承接威客平台上的任务。咱们来听听，她是如何做威客，如何看待威客的。

任务中国：你心目中的威客是个什么概念？

kim545：威客对我来说，有两重身份，一个是赚钱，一个是找工作者帮我做事。我挺喜欢做威客的，它不受固定岗位权限限制，我可以做自己能做而且会做的任务。

任务中国：做职业威客有什么好处？

kim545：举个简单的例子吧，你现在必须朝九晚五的工作，对吧，而我却可以随身携带笔记本，一边旅游，一边工作。

任务中国：生活中，威客改变了你什么？

kim545：可以做任务干活，以前上网就到处看新闻，现在一上网就看任务中国有没有新增适合自己的任务。当我身边朋友，在工作者中遇到问题时，我会建议他们去任务中国这样的威客网站，一家公司不管多么强大，能够号召的各种人才毕竟有限，而威客平台却为这种号召提供了无数想象空间。

任务中国：任务中国现在有三种交易方式，你都了解吗？

kim545：哈哈，当然了解，威客任务、招标任务、快速任务，任务中国这种创新和敢于打破常规的精神，值得大家学习。

任务中国：以你的经验，你给大家说说威客任务吧。

kim545：威客任务从形式上说就是大家自由参与竞标的任务形式，这样的任务适合一些一次性就可以得到答案，并不需要多次沟通磨合才能完成的任务。是以收集点子、取名、Logo 设计等简单类的任务为主。

任务中国：威客任务对工作者来说，有什么优势？

kim545：这类任务对工作者的好处是没有准入门槛，可以天马行空（程序功能除外），可以很好地锻炼自己的思维能力，并且去检验这些思维能够被接受的程度。

任务中国：威客任务对雇主来说，又有什么优势呢？

kim545：对雇主来说，可以快速收集到大量意见和建议，从时间及金钱两个方面可以节约企业运营成本，又能保证数据质量的相对可靠（市场调查性任务尤其重要）。

任务中国：为了适合不同雇主的外包需求，任务中国现在上线了招标任务和快速任务，你是怎么看待这两个交易方式的呢？

kim545：招标任务和快速任务的出现是威客平台不断实践并与理论相结合的产物，也是威客平台发展的必然趋势。以目前的威客平台运作模式来说，大型任务仍以自由竞标的方式完成，那么就体现不出威客平台在人力资源方面的优势，反倒把个人知识面的局限展示出现，这是任何有远见的个人和企业都不愿意看到的。这也是我对任务中国的最大的期望，因为目前的威客平台中，只有任务中国跨出了这一步，希望你们能再接再厉。

任务中国：当快速任务，也就是商业服务上线的时候，你们工作者的第一反应是什么？

kim545：惊讶！我个人是最喜欢的，因为我有主动权啊，雇主急着找人的时候，也有自由选择的余地，相对来说比较正常与公平。不过在参与任务的时候，我个人比较倾向招标任务，任务资金高，任务有难度，比较有挑战。

任务中国：你对威客有什么期待？

kim545：有，威客是未来发展的趋势，我会做一名诚实刻苦的威客，快速提高自己的能力，过两年，我就有用武之地了。

任务中国：为什么这么说呢？

kim545：现在很多企业，已经借助网络平台让五湖四海的人协同完成工作，网络成了最大的职场。就如朋友说的，未来的职业是基于自觉的，而不是基于规则与企业章程的。当越来越多企业选择在线外包的时候，我已经比别人有更加丰富的经验去承接任务了，这也是我现在做威客的信念。

18. 与民间威客研究者辛丑精彩对话

说到辛丑，相信大多数工作者和雇主都不陌生，由于他一边做威客，一

161

边思索着威客的前途，也为威客写出了大量的理论研究和实践经验的文章，所以，在行业里，大家称他是民间威客研究专家，名副其实啊。

任务中国：说到辛丑，在威客圈里，大家应该都知道你吧，为什么你如此受大家欢迎呢？

辛丑：谢谢主持人，我想这是缘分问题吧，大家喜欢威客，我也喜欢威客，所以我们大家走到这一起了。

任务中国：物以类聚，人以群分啊，你现在也算是职业威客了吧。

辛丑：不是的，最近两个月时间我在学习技术知识，所以在网络上的时间充分些，因此，也能经常看见我在威客网上的影子。

任务中国：威客在你的生活中扮演什么样的角色？

辛丑：威客改变了我的生活，改变了我工作的状态以及创业的思维。我觉得威客是一个应该受到很多人尊敬与爱戴的职业，而不只是简单地把知识与金钱交换的人群。

任务中国：我认为威客将是未来的一种职业，不知道你是如何看待的？

辛丑：非常赞同这个观点，新的工作方式必然诞生新的工种，而威客是具体表现。首先，威客群体决定了它成为职业。其次，随着高校扩招，大学毕业生找工作的困难问题更会进一步严峻，那么必然会导致相当一部分人群要分流，这促进了威客行业的人力动力。最后，我们要看到各个企业在减低企业投入资本的市场情况。在竞争激烈的今天，各个企业都在设法减少资本投入，而其中一大块就在人力资源上，作为威客，恰恰是为其降低人力资本的一个有效途径。

任务中国：哈哈，英雄所见略同啊，你最擅长做哪一块的任务？

辛丑：谈不上擅长，我只能说是爱好！因为在大学时代就在校园内从事校报编辑与策划工作，所以对于文字生出了喜爱之心。随着后来文章在报刊、杂志出现的次数多了，于是信心增强。所以目前的精力主要在策划与写作类任务上。

任务中国：你能跟任务中国的朋友分享一下你的经验吗？

辛丑：对于刚来到威客行业的新朋友，我只是想与他们交换下意见：要成为一名实力威客，要学会磨炼。磨炼不是说仅仅在你技能与水平上的提升，而且要善于处理与客户与威客之间的关系，威客生活与实际生活本就是一样，只不过工作方式不同而已，与本质的实际生活没有区别。做威客碰见的问题很多，但遇见问题时一定要设法以理以事实作为交流与说服工具，而尽量避免感情的冲动。威客的路是一条艰辛的路，但这条艰辛的路下有金子，问题在于你会不会去取？你能取到金，大步向前，你就是赢家。

任务中国：任务中国现在有招标任务和快速任务上线，不知道你是否有去体验过？

辛丑：自任务中国开办网站开始，我就已经是任务中国的威客了。后因为工作繁忙，参与较少。目前我在任务中国中标次数也达到 15 次左右。任务中国近期推出招标模式，在我看来是一个很有思想性的创意。让客户先了解您然后再去工作，这是建立信誉与保证工作质量的尝试与基础。

任务中国：任务中国已有威客任务，招标任务，快速任务三种模式，你比较喜欢哪个呢？

辛丑：都挺不错的，就看按需要求了。在我看来，威客任务是基础，它像建筑大厦的基石，只要把大厦基石打稳了，整个大厦才能牢固。招标类任务是核心，它仿佛大厦的形象与外观，就算你的基石打造得非常牢固，但是没有漂亮的形象外观，也是没人观赏与住居的。对于快速任务，我认为还是个新名词，但我依旧是把它归纳于这两者之中，只是为了适合客户与威客的工作方便而设立。

任务中国：你对我们威客网站有什么好建议吗？

辛丑：①关于信誉维护。信誉维护是所有行业的经营灵魂，威客行业也不例外。威客行业的信誉主要体现在客户与威客、客户与威客网、威客与威客网三者之间。其中以客户与威客的信誉最为关键。②关于知识产权在知识产权保护问题上，2006 年我在博客文章中就谈到建立"交易库"的概念。对于所有的威客作品来说，都是具有知识价值的，只不过知识价值的高低级别不同。所以，对于那些没有采用的设计类、策划类作品，网站形成一套系统，"威客产品交易库"。对于公开交稿的威客网，可以采取在任务已经完成奖金付款结束后，威客可以自我选择公开还是隐藏稿件的方式来保护知识产权。③很看好任务中国的招标任务和快速任务，它有一对一交易的功能，而且交易双方还能自由交易，希望能应用创新发展！

任务中国：非常感谢威客们对任务中国的支持，我们会做得更好。同时也跟感谢辛丑百忙中接受任务中国记者团的采访，谢谢。

辛丑：也期待着任务中国更加出色的成绩。

19. 走在设计这条路上

任务中国：从事设计行业多久了？

Narcissus：我从事设计工作已经两年了，自己先前的专业是网站设计。刚毕业的时候我是搞组装维修的，偶尔的机会使我改行走上了设计的道路，有一次去给一个经理组装电脑，他问我你们公司有会网站设计的么。我想搞。后来我毛遂自荐。就在他公司干了下来能有 6 个月吧。我做了一个门户网，全静态，经理后来没精力搞网站这方面了，给我介绍了份工作从此才算是真正地踏上了设计的路。

任务中国：谈谈自己对设计的理解。

Narcissus：我觉得设计其实就是将内心的一些创意及一些想法体现出来。也可以说设计是一门艺术，但是对于一个设计者来说修养更重要，是一个人的长期的设计生涯积累和沉淀。作为一个设计师一定要不断地提高自己的综合素质和艺术修养。没事的时候多注意一下各个大家的作品了解各国的文化等。

任务中国：总结一下自己设计风格。

Narcissus：因为还在学习摸索中，所以我的设计风格比较的广泛。但是我的着重点在于那些细腻又质感的东西上。

任务中国：什么时候加入任务中国的？

Narcissus：1 个月前吧。是从同事那里知道的。因为每天把工作做完后剩下的时间比较多。索性打开看看，本以为任务应该不会太多，搜索后出来了几页，令我惊叹。对于一个网站的好坏，个人感觉还是看他的信息量。从那以后就每天登录一下看看有什么任务比较适合自己做的。

任务中国：参加任务的感受

Narcissus：感觉还是不错的，但辛苦也是必然的。第一次从虚拟世界中拿到薪酬，感觉很奇妙，很有成就感。比在现实中拿到薪酬更喜悦。任务中有很多奇妙的感受。比如你被选中入围会很激动，然后就快要做完的时候总会担心会不会所有的努力都白费了。有时候客户是比较挑剔的然而我们又不可以当面沟通。不能把我所要表达的理念完全地体现出来。所以耐心是必须要有的。希望这么多的威客们多些耐心认真地做好每一个任务，回报肯定会有的。

任务中国：对威客这种模式的理解。

Narcissus：威客这种形势很新颖，也很随意，是一个提供多种兼职工作的平台。使人足不出户便可尽情发挥自己。也是一个极好的舞台。一个比较成熟的媒介。

做网站设计时常都会接到些私单。但是对于平时朋友圈来说还是很少有的。任务中国帮我们解决了这个问题。通过一个简单的交易平台让我们能够在工作之余发挥自己的长处赚到属于自己的那份收获。任务中国的信息量从我个人知道的是最多的。而且具有真实性，让我们这些拿着"高薪"的白领能真正地体现出自身的价值。

有些任务给的报酬还是比较不符合市场的。对于这点是很郁闷和头痛的。对于资金的支出还是希望发布者能够做得完美些。呵呵。

20. 威客会员背包族——郭静专访

"看到过老郭的人都知道什么叫快乐，听过老郭说话的人都知道什么叫爽快。"这是大家给她的定义。如果你看到她工作中的样子你就会彻底明白什么叫工作狂。那种工作状态足可以感染他人。

老郭是个实实在在的背包族，喜欢徒步名山大川之间。在她人生的乐曲里面自由和快乐是主打，这个也是她选择威客、任务中国的原因。自由的时间，自由的工作，一切都在自由中得到成长……

任务中国：谈谈如何认识并走进威客这一行业的？

郭静：我认识任务中国还是通过朋友的介绍，朋友是做设计的，每天都在我耳边说什么威客威客的，开始一直认为是做设计、程序等才可以来接任务呢。有一天朋友告诉我某公司在任务中国上发布了一个关于营销策划的任务，我看了看感觉自己对这个策划很感兴趣，就按照任务中国的流程完成了这个任务，结果很幸运地中标了。因为第一次中标嘛，所以兴奋地大呼。现在想想这个过程，也可以说就是偶然的机会来到任务中国，之后凭借自己的"小伎俩"获得成功感。

任务中国：威客给你带来了什么？

郭静：相信所有选择任务的朋友都不会说是金钱，网上看到过这样一局话："'威客'初学者的晋级校场，爱好者的娱乐天堂。"因为你来到这里那种氛围会让你忘记金钱，更多的是与高手学习，提高自己策划能力与审美能力。说到这里仿佛有许多的话要与大家分享，参加任务网友都在享受着那份与众不同的快乐。

任务中国：想跟大家说些什么？

郭静：俗话说得好，威客时代是知识创造财富的时代。提示给大家不要认为威客网站的服务就是简单地面向技术型人才的，它现在涉及的行业包罗万象，只要你有能力有兴趣就来选取任务，最终得到的不仅仅是赏金，更重要的是自己的能力得到了很大地提高，在无聊的日子里为什么不用这样的方式来给自己打打气加加油呢？其实，我们不必太在意作品是否入围，全当是一种生活的娱乐，在这里我们可以结交同行业的朋友。它会带给你好多意想不到的快乐。

任务中国：你是如何看待威客行业的发展前景的？

郭静：威客行业说起来也不是很新了，它在逐步走向完善。服务的领域也越来越广。参与者也在不断地增加。相信这个行业会有一个很广阔的发展空间，我很看好这个行业。最后祝任务中国的明天更美好。

附录 2　关键用户知识源识别的用户原始数据

编号	用户知识能力			双方参与意愿			创新任务水平			中标情况
	知识积累	交易历史	服务水平	信任水平	任务奖励大小	信息沟通强度	任务复杂程度	知识匹配程度	组织吸收学习能力	
1 袋子 UI	专科，3 年工作经验	中标 60 次，金额 34281.40 元	(4.89, 5, 4.89)	猪七戒，100%，4.93	低	5 条	复杂	不相关	强	淘汰
2 凡超信息	硕士，4 年工作经验	中标 55 次，金额 189102 元	(4.98, 4.96, 4.98)	猪八戒，100%，4.98	持平	8 条	一般	相关	强	淘汰
3 心路科技	本科，10 年工作经验	交易 59 次，金额 41189.63 元	(5, 4.97, 4.97)	猪七戒，100%，4.98	高	6 条	简单	高度相关	一般	三等奖
4 海胶团队	本科，8 年工作经验	中标 18 次，金额 4800 元	(4.29, 4.29, 4.43)	猪三戒，85%，4.3	持平	20 条	一般	高度相关	强	一等奖
5 DAV设计	本科，6 年工作经验	中标 10 次，金额 3500 元	(5, 5, 5)	猪五戒，100%，5	高	15 条	一般	相关	强	二等奖

编号	用户知识能力			双方参与意愿				创新任务水平			中标情况
	知识积累	交易历史	服务水平	信任水平	任务奖励大小	信息沟通强度	任务复杂程度	知识匹配配度	组织吸收学习能力	
6 龙拳设计	硕士，2年工作经验	中标5次，金额10800元	(5, 5, 5)	猪七戒，100%，5	持平	10条	简单	相关	强	二等奖
7 猫耳求	本科，2年工作经验	0次	(4.5, 4.5, 4.5)	猪一戒，95%，4.95	高	5条	简单	不相关	强	备选
8 V互动一水果哥	本科，1年工作经验	中标2次，金额3526元	(4.32, 4.29, 5)	猪一戒，90%，4.2	高	18条	复杂	高度相关	强	备选
9 视界	本科，3年工作经验	中标6次，金额1518元	(5, 5, 5)	猪三戒，100%，5	高	13条	复杂	相关	强	备选
10 JFeehily	专科，4年工作经验	中标13次，金额5900元	(5, 5, 5)	猪四戒，100%，5	高	20条	一般	相关	强	备选
11 漂泊的云	本科，3年工作经验	0次	(4.95, 4.95, 4.95)	猪一戒，95%，4.5	一般	5条	一般	不相关	强	备选
12 小谯Z	硕士，4年工作经验	中标1次，金额1500元	(4.88, 4.82, 4.88)	猪一戒，90%，4.85	低	15条	复杂	高度相关	强	备选
13 臻橙交互	本科，3年工作经验	中标18次，金额30600元	(5, 5, 5)	猪七戒，100%，5	持平	5条	复杂	相关	强	淘汰

续 表

编号	用户知识能力		双方参与意愿				创新任务水平			中标情况
	知识积累	交易历史	服务水平	信任水平	任务奖励大小	信息沟通强度	任务复杂程度	知识匹配配程度	组织吸收学习能力	
14 微盟销售	硕士，1年工作经验	0次	0	0	高	0条	简单	高度相关	强	淘汰
15 金E网络	本科，6年工作经验	中标90次，金额4452.93元	(4.94, 4.97, 4.95)	猪七戒，98%，4.95	持平	10条	一般	高度相关	强	淘汰
16 湖南米云	本科，4年工作经验	中标1次，金额64元	(4, 4, 4)	猪二戒，90%，4	低	4条	复杂	相关	强	淘汰
17 视频工厂	本科，7年工作经验	中标3次，金额601元	(5, 5, 5)	猪二戒，100%，5	高	0条	一般	不相关	强	淘汰
18 珍藏枫叶	专科，6年工作经验	中标8次，金额2160元	(4.86, 5, 4.86)	猪五戒，100%，4.9	高	16条	复杂	相关	强	淘汰
19 阿杜设计	本科，3年工作经验	中标5次，金额6.7元	(4.86, 5, 4.86)	猪一戒，100%，4.9	高	4条	一般	不相关	强	淘汰
20 精诚科技	硕士，13年工作经验	中标1次，金额64元	(4.92, 5, 4.92)	猪四戒，100%，4.95	低	10条	简单	高度相关	强	淘汰
21 良威设计	本科，7年工作经验	中标3次，金额2220元	(4.9, 4.92, 4.95)	猪二戒，90%，4.9	持平	0条	复杂	不相关	强	淘汰
22 明简视觉	本科，8年工作经验	中标13次，金额2260元	(4.98, 5, 4.98)	猪七戒，100%，4.99	高	5条	一般	相关	强	淘汰

续表

编号	用户知识能力			双方参与意愿			创新任务水平			中标情况
	知识积累	交易历史	服务水平	信任水平	任务奖励大小	信息沟通畅度	任务复杂程度	知识匹配程度	组织吸收学习能力	
23	本科，5年工作经验	中标5次，金额3000元	(4.9，4.9，4.95)	猪一戒，90%，4.9	持平	15条	一般	高度相关	强	淘汰
24	本科，3年工作经验	中标1次，金额100元	(5，5，5)	猪四戒，100%，5	低	8条	复杂	相关	强	淘汰
25	专科，5年工作经验	中标3次，金额1500元	(4.9，4.9，4.9)	猪一戒，90%，4.9	持平	0条	简单	不相关	强	淘汰
26	本科，3年工作经验	中标2次，金额980元	(5，5，5)	猪二戒，100%，5	高	5条	一般	相关	强	淘汰
27	硕士，2年工作经验	中标1次，金额2000元	(4.92，4.95，4.93)	猪一戒，95%，4.5	低	15条	复杂	不相关	强	淘汰
28	本科，2年工作经验	中标2次，金额1500元	(4.9，4.9，4.9)	猪一戒，95%，4.8	一般	8条	复杂	相关	强	淘汰
29	专科，3年工作经验	中标1次，金额450元	(4.9，4.9，4.9)	猪一戒，95%，4.8	高，	5条	一般	不相关	强	淘汰
30	本科，2年工作经验	中标1次，金额100元	(4.9，4.9，4.9)	猪一戒，95%，4.75	一般	9条	简单	相关	强	淘汰
31	本科，2年工作经验	中标4次，金额3200元	(4.93，4.92，4.90)	猪一戒，90%，4.9	高	10条	简单	相关	强	淘汰

编号对应名称：23 蒲公英；24 斌斌数字；25 视觉演译；26 零零壹创；27 小雪秘密；28 南家小齐；29 余阿伟；30 武大加簪；31 5Miu设计

续　表

编号	用户知识能力			双方参与意愿			创新任务水平				中标情况
	知识积累	交易历史	服务水平	信任水平	任务奖励大小	信息沟通强度	任务复杂程度	知识匹配程度	组织吸收学习能力		
32 老猪设计	本科，5年工作经验	中标3次，金额20300元	(5、5、5)	猪四戒，100%，5	高	15条	简单	相关	强		淘汰
33 佛燃顺德	本科，6年工作经验	中标10次，金额6080元	(5、5、5)	猪五戒，100%，5	低	4条	复杂	不相关	强		淘汰
34 zhao ming zhou	本科，3年工作经验	中标5次，金额3500元	(4.94、4.95、4.96)	猪一戒，100%，4.95	高	0条	复杂	相关	强		淘汰
35 hv207	硕士，3年工作经验	中标3次，金额1950元	(4.92、4.93、4.94)	猪一戒，95%，4.8	低	5条	简单	相关	强		淘汰
36 Jaym 2012	本科，2年工作经验	中标8次，金额5920元	(4.9、4.9、4.9)	猪一戒，90%，4.9	一般	6条	简单	相关	强		淘汰
37 Sunny_tank	硕士，4年工作经验	0次	(5、5、5)	猪一戒，100%，5	高	10条	简单	相关	一般		一等奖
38 Daisy创意	本科，5年工作经验	中标1次，金额800元	(5、5、5)	猪三戒，100%，5	高	15条	简单	高度相关	一般		二等奖
39 nnar ea	专科，5年工作经验	中标1次，金额240元	(5、5、5)	猪二戒，100%，5	一般	8条	一般	不相关	一般		三等奖

编号	用户知识能力		双方参与意愿				创新任务水平			中标情况
	知识积累	交易历史	服务水平	信任水平	任务奖励大小	信息沟通速度	任务复杂程度	知识匹配程度	组织吸收学习能力	
40	龙抓网络	大专，12年工作经验	中标1次，金额300元	(5, 5, 5)	猪二戒，100%，5	低	10条	一般	高度相关	一般	三等奖
41	唐彩商务	硕士，3年工作经验	交易2次，金额2800元	(5, 5, 5)	猪四戒，100%，5	高	15条	复杂	不相关	一般	三等奖
42	糖醋排骨	本科，1年工作经验	交易2次，金额400元	(5, 5, 5)	猪一戒，100%，5	高	23条	复杂	相关	一般	三等奖
43	合美创意	大专，2年工作经验	交易5次，金额1000元	(4.75, 4.75, 4.75)	猪五戒，100%，4.75	低	20条	复杂	相关	一般	三等奖
44	易美设计	本科，1年工作经验	交易1次，金额300元	(5, 5, 5)	猪一戒，100%，5	高	28条	简单	相关	一般	三等奖
45	私人定制V	专科，1年工作经验	交易4次，金额1101元	(5, 5, 5)	猪三戒，100%，5	高	13条	简单	相关	一般	三等奖
46	北京微光	本科，9年工作经验	交易16次，金额17710元	(4.75, 4.92, 4.92)	猪五戒，100%，5	低	17条	简单	高度相关	一般	三等奖
47	UI设计师	硕士，2年工作经验	交易2次，金额1300元	(5, 5, 5)	猪一戒，100%，5	一般	10条	一般	相关	一般	三等奖
48	优名文化	本科，4年工作经验	交易13次，金额30990元	(4.94, 5, 5)	猪六戒，100%，4.98	一般	5条	一般	不相关	一般	淘汰

续 表

编号	用户知识能力			双方参与意愿			创新任务水平			中标情况
	知识积累	交易历史	服务水平	信任水平	任务奖励大小	信息沟通速度	任务复杂程度	知识匹配程度	组织吸收学习能力	
49 启义品牌 JJ	本科，6年工作经验	交易75次，金额59288元	(4.97，5，5)	猪七戒，100%，4.99	一般	4条	简单	相关	一般	淘汰
50 饺子工作	本科，2年工作经验	0次	(4.5，4.5，4.5)	猪一戒，100%，4.5	低	6条	复杂	不相关	一般	淘汰
51 柠檬工作	本科，3年工作经验	交易1次，额200元	(5，5，5)	猪二戒，100%，5	高	8条	简单	不相关	一般	淘汰
52 tuhu iying	硕士，1年工作经验	交易2次，额352元	(5，5，5)	猪二戒，100%，5	低	10条	复杂	相关	一般	淘汰
53 zzzyy y2014	本科，2年工作经验	0次	(4.5，4.5，4.5)	猪一戒，90%，5	一般	8条	一般	不相关	一般	淘汰
54 大鱼福隊	硕士，2年工作经验	交易1次，额100元	(4.5，4.5，4.5)	猪一戒，95%，4.5	高	6条	简单	相关	一般	淘汰
55 子猫设计	专科，1年工作经验	交易1次，额100元	(5，5，5)	猪一戒，100%，5	低	6条	一般	不相关	一般	淘汰
56 小小小六	本科，5年工作经验	交易5次，额3460元	(5，5，5)	猪四戒，100%，5	一般	8条	复杂	相关	一般	淘汰
57 cfen jun	本科，2年工作经验	交易16次，额4450元	(4.86，5，4.86)	猪五戒，100%，4.9	高	10条	简单	相关	一般	淘汰

173

续表

编号	用户知识能力		服务水平	信任水平	双方参与意愿		创新任务水平			中标情况
	知识积累	交易历史			任务奖励大小	信息沟通强度	任务复杂程度	知识匹配程度	组织吸收学习能力	
58 小伙伴	专科，5年工作经验	交易1次，金额600元	(5，5，5)	猪五戒，100%，5	一般	0条	一般	不相关	一般	淘汰
59 先迈品牌	本科，8年工作经验	交易1次，金额112元	(4.89，4.91，4.87)	猪六戒，97%，4.89	一般	3条	复杂	不相关	一般	淘汰
60 龙行天下	本科，7年工作经验	交易33次，金额14350元	(4.92，4.95，4.94)	猪十二戒，97%，4.94	一般	5条	一般	相关	一般	淘汰
61 慢慢画工	本科，1年工作经验	交易3次，金额3500元	(5，5，5)	猪一戒，100%，5	高	6条	简单	高度相关	一般	淘汰
62 猪猪向上	专科，3年工作经验	交易2次，金额200元	(4.5，4.5，4.5)	猪一戒，90%，4.5	低	5条	复杂	相关	一般	淘汰
63 UIHERO	硕士，2年工作经验	交易14次，金额16294元	(4.88，4.88，4.88)	猪五戒，100%，4.98	一般	0条	一般	不相关	一般	淘汰
64 风火品牌	本科，2年工作经验	交易22次，金额20578元	(4.93，4.96，4.95)	猪七戒，100%，4.95	低	6条	简单	相关	一般	淘汰
65 非帆设计	专科，3年工作经验	交易5次，金额6700元	(5，5，5)	猪四戒，100%，5	高	5条	复杂	不相关	一般	淘汰
66 大玩家	本科，2年工作经验	交易1次，金额500元	(5，5，5)	猪二戒，100%，5	高	0条	复杂	不相关	一般	淘汰

续 表

编号	用户知识能力				双方参与意愿		创新任务水平			中标情况
	知识积累	交易历史	服务水平	信任水平	任务奖励大小	信息沟通强度	任务复杂程度	知识匹配度	组织吸收学习能力	
67 鹿街设计	硕士，2年工作经验	交易1次，金额100元	(4，4，4)	猪一戒，100%，4	低	5条	复杂	不相关	一般	淘汰
68 睿立品牌	本科，2年工作经验	交易2次，金额2000元	(5，5，5)	猪一戒，100%，4	高	12条	一般	不相关	一般	淘汰
69 fish_ho	专科，1年工作经验	交易1次，金额700元	(5，5，5)	猪二戒，100%，5	高	5条	复杂	相关	一般	淘汰
70 song live	硕士，2年工作经验	交易3次，金额12201元	(5，5，5)	猪一戒，100%，5	高	6条	一般	高度相关	弱	一等奖
71 careju styou	本科，5年工作经验	交易4次，金额9040.50元	(5，5，5)	猪三戒，100%，5	高	9条	一般	高度相关	弱	二等奖
72 壹像素	硕士，2年工作经验	交易1次，金额5000元	(5，5，5)	猪一戒，100%，5	高	10条	简单	相关	弱	二等奖
73 东莞云端	本科，3年工作经验	交易7次，金额5522.3元	(4.83，5，4.83)	猪三戒，100%，4.89	一般	8条	一般	不相关	弱	三等奖
74 心路科技	本科，9年工作经验	交易59次，金额41189.63元	(5，4.97，4.97)	猪七戒，100%，4.98	低	7条	复杂	相关	弱	三等奖
75 奥特177	本科，3年工作经验	交易1次，金额3000元	(5，5，5)	猪一戒，100%，5	一般	5条	一般	不相关	弱	三等奖

续表

编号	用户知识能力		双方参与意愿				创新任务水平			中标情况
	知识积累	交易历史	服务水平	信任水平	任务奖励大小	信息沟通强度	任务复杂程度	知识匹配程度	组织吸收学习能力	
76 hong belive	专科，3年工作经验	交易1次，金额500元	(5, 5, 5)	猪一戒，100%，5	一般	0条	简单	相关	弱	四等奖
77 蒙阳光	专科，3年工作经验	交易1次，金额500元	(5, 5, 5)	猪一戒，100%，5	一般	5条	简单	高度相关	弱	四等奖
78 Carollai	本科，2年工作经验	交易1次，金额500元	(5, 5, 5)	猪一戒，100%，5	高	14条	复杂	不相关	弱	四等奖
79 刘刘UI	本科，3年工作经验	交易1次，金额500元	(5, 5, 5)	猪一戒，100%，5	低	4条	简单	相关	弱	四等奖
80 stonefj设计	硕士，2年工作经验	交易1次，金额500元	(5, 5, 5)	猪一戒，100%，5	一般	5条	一般	不相关	弱	四等奖
81 B榜上有名	本科，5年工作经验	交易9次，金额4951元	(5, 5, 5)	猪二戒，100%，5	一般	4条	简单	不相关	弱	四等奖
82 智高设计	本科，9年工作经验	交易65次，金额102452元	(4.97, 5, 4.97)	猪九戒，100%，4.98	高	10条	简单	高度相关	弱	四等奖
83 Sur-Lin	专科，2年工作经验	交易1次，金额500元	(5, 5, 5)	猪一戒，100%，5	高	9条	一般	相关	弱	四等奖
84 签醉虾	专科，1年工作经验	交易1次，金额500元	(5, 5, 5)	猪一戒，100%，5	高	5条	复杂	不相关	弱	四等奖

续　表

编号	用户知识能力			双方参与意愿				创新任务水平			中标情况
	知识积累	交易历史	服务水平	信任水平	任务奖励大小	信息沟通强度	任务复杂程度	知识匹配程度	组织吸收学习能力		
85	WET-Alvin 本科，1年工作经验	交易2次，金额1500元	(5.5，5)	猪三戒，100%，5	高	6条	复杂	不相关	弱	四等奖
86	起源高端 本科，10年工作经验	交易102次，金额172168元	(4.89，4.86，4.87)	猪十戒，99%，4.87	一般	5条	简单	相关	弱	淘汰
87	火星品牌 本科，10年工作经验	交易10次，金额21460元	(4.92，5，5)	猪七戒，100%，4.97	高	9条	简单	相关	弱	淘汰
88	硕果科技 本科，10年工作经验	交易33次，金额42800元	(4.83，4.98，4.93)	猪九戒，97%，4.91	一般	10条	一般	相关	弱	淘汰
89	上海隆馨 专科，2年工作经验	0次	(5，5，5)	猪一戒，100%，5	高	2条	复杂	不相关	弱	淘汰
90	WET-Alvin 本科，1年工作经验	交易2次，金额1500元	(5，5，5)	猪二戒，100%，5	一般	5条	复杂	不相关	弱	淘汰
91	网络大饼 专科，2年工作经验	交易2次，金额510元	(5，5，5)	猪一戒，100%，5	低	8条	一般	不相关	弱	淘汰
92	L小敏1 本科，1年工作经验	0次	(5，5，5)	猪一戒，100%，5	高	0条	复杂	不相关	弱	淘汰
93	WET-Alvin 本科，1年工作经验	交易2次，金额1500元	(4.89，4.87，4.69)	猪三戒，95%，4.95	高	5条	复杂	不相关	弱	淘汰

续　表

编号	用户知识能力			双方参与意愿			创新任务水平			中标情况
	知识积累	交易历史	服务水平	信任水平	任务奖励大小	信息沟通强度	任务复杂程度	知识匹配程度	组织吸收学习能力	
94 八戒哥	本科，2年工作经验	交易3次，额1101元	(4.92, 4.93, 4.92)	猪三戒，96%，4.87	低	6条	简单	相关	弱	淘汰
95 壹像素	本科，3年工作经验	交易1次，额5000元	(5, 5, 5)	猪一戒，100%，5	一般	4条	复杂	不相关	弱	淘汰
96 诚心合作	专科，2年工作经验	0次	(4.9, 4.9, 4.9)	猪一戒，95%，4.89	高	5条	简单	相关	弱	淘汰
97 线上飘红	本科，11年工作经验	交易30次，额28182元	(4.68, 4.77, 4.58)	猪八戒，93%，4.68	高	0条	复杂	不相关	一般	淘汰
98 木米设计-成都	硕士，2年工作经验	交易20次，额18748元	(4.86, 4.86, 4.86)	猪五戒，100%，4.86	低	10条	一般	相关	弱	四等奖

附录3 知识获取对众包创新绩效影响机制的实证研究调查问卷

尊敬的女士/先生：

　　您好！本问卷主要研究用户参与众包创新的知识获取机制相关问题。恳请您在百忙之中帮助填写这份问卷，您的真实想法是对我研究的莫大帮助。本次调查实行匿名方式，您所提供的信息将绝对保密，仅用于学术研究。谢谢您的合作和所付出的宝贵时间！

第一部分：基本情况调查

1. 性别：男□　　　　　　　　女□
2. 年龄：20 岁以下□　　21～30 岁□　　31～40 岁□　　41 岁以上□
3. 学历：大专及以下□　　本科□　　硕士□　　博士□
4. 是否参与过设计类创新任务：是□　　否□

第二部分：相关问题

　　说明：请根据实际情况回答下面的问题，在相应的数字下打√，或改变数字颜色。其中任务发布方是指通过众包平台发布创新任务，并在众包竞赛结束时支付给中标的任务接包方相应报酬的企业组织；任务接包方是指通过众包平台选择自己感兴趣的创新任务并提交创新方案的大众群体。数字所代表的意义如下所示。

完全不同意	不同意	有点不同意	不能确定	有点同意	同意	完全同意
1	2	3	4	5	6	7

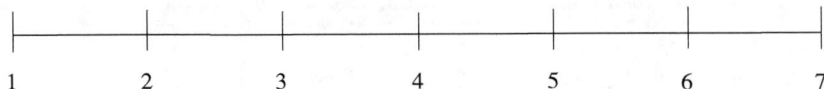

请开始选择！

编号	问项	完全不同意↔完全同意						
A1	不同专业背景的任务接包方拥有不同的知识	1	2	3	4	5	6	7
A2	不同职能岗位的任务接包方拥有不同的知识	1	2	3	4	5	6	7
A3	不同学历背景的任务接包方拥有不同的知识	1	2	3	4	5	6	7
A4	具有不同工作经验的任务接包方拥有不同的知识	1	2	3	4	5	6	7
C1	任务接包方与任务发布方进行良好的沟通	1	2	3	4	5	6	7
C2	任务接包方与任务发布方之间交流的信息非常可靠	1	2	3	4	5	6	7
C3	任务接包方与任务发布方之间能及时理解对方的意思和想法	1	2	3	4	5	6	7
C4	任务接包方与任务发布方沟通过程中反应灵活、能快速解决问题	1	2	3	4	5	6	7
D1	任务发布方对任务接包方优秀的创新方案实行奖金激励	1	2	3	4	5	6	7
D2	任务发布方为优秀任务接包方提供工作机会	1	2	3	4	5	6	7
D3	任务发布方对任务接包方优秀的创新方案给出优质评价	1	2	3	4	5	6	7
F1	任务发布方在与任务接包方来往过程中获取了关于产品研发的知识	1	2	3	4	5	6	7
F2	任务发布方在与任务接包方来往过程中获取了关于市场需求的信息	1	2	3	4	5	6	7
F3	任务发布方在与任务接包方来往过程中获取了创新管理方面的知识	1	2	3	4	5	6	7
F4	任务发布方在与任务接包方来往过程中获取了营销管理方面的诀窍	1	2	3	4	5	6	7
H1	任务发布方获取了众多的创新方案	1	2	3	4	5	6	7
H2	任务发布方获取了高质量的创新方案	1	2	3	4	5	6	7
H3	发布的创新任务有较高的完成率	1	2	3	4	5	6	7

问卷到此结束！再次对您表示衷心的感谢！

后　记

本书是国家社科基金项目"双边视角下用户参与众包创新的知识获取机制及实现策略研究（项目批准号：14CGL014)"的研究成果之一，同时也得到了江苏科技大学"青年学者"计划项目的支持，在此表示感谢！

在本书创作和撰稿过程中还得到了经济管理学院苏翔院长、张光明书记、田剑教授的鼓励和支持！我所指导的硕士研究生徐信辉、郭鑫鑫、蒋旋、周庆文等同学作为本课题的研究成员，在资料整理、数据收集和实证研究等方面花费了很多时间并做了大量的工作，在此，表示衷心感谢！

我还要感谢中国财富出版社编辑的辛勤工作，没有她们高质量、高效率的工作，也难以如期见到此书。

最后感谢我的家人！尤其要感谢我的爱妻陈晓君和儿子孟繁轩，没有他们的理解、支持和鼓励，就没有这本书的顺利撰写！

谨以此书献给所有帮助过我的人们和广大热心的读者，并祝天下所有好人一生平安！

鉴于作者水平有限，不当之处在所难免，敬请各位热心读者批评指正，将不胜感激。（作者信箱：mengzhi007@163.com）

孟庆良

2017 年 11 月 10 日　于江苏镇江